Aussichten der Natur

Fröhliche Wissenschaft 096

DE NATURA I

Herausgegeben von Frank Fehrenbach

Hartmut Böhme

Aussichten der Natur

Naturästhetik in Wechselwirkung von Natur und Kultur

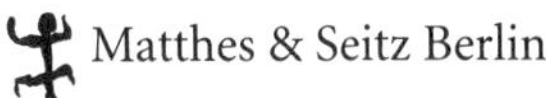
Matthes & Seitz Berlin

Die Konjunktur der Natur in gegenwärtigen Debatten ist erstaunlich. Als Oppositionsbegriff zur menschlichen Kultur hat Natur schon aus zwei Gründen ausgedient. Einmal wegen des Scheiterns traditioneller dualistischer Ansätze als Konsequenz der modernen Naturwissenschaften, die den Menschen ohne Rest als Teil der Natur definieren. Zum anderen wegen der ungeheueren zivilisatorischen Dynamik, die auf, weit über und zunehmend auch unter der Erdoberfläche keine vom Menschen unberührten Residuen des Natürlichen erlaubt. Inwiefern lässt sich also auch heute noch »über Natur« sprechen? Die Bände der Reihe DE NATURA versammeln Antworten aus ganz unterschiedlichen Disziplinen. Sie gehen auf Vorträge zurück, die von der *Forschungsstelle Naturbilder* im Hamburger Warburg-Haus veranstaltet wurden. – Frank Fehrenbach

Inhalt

Einleitung: Vom Neuen im Alten

Nach einem langen und erschöpfenden Gang entlang der Gemälde von Landschaften und Naturidyllen notiert Denis Diderot im »Salon von 1767«:

> »Hier ist das wahre Leben, hier ist die wahre Heimat des Menschen. Alle Gaukeleien der Gesellschaft könnten uns niemals die Lust daran nehmen. Da wir aus dem engen Kreis unserer Städte, an die uns langweilige Beschäftigungen und traurige Pflichten fesseln, nicht in die Wälder, unsere ursprüngliche Heimat, zurückkehren können, haben wir einen Teil unseres Reichtums geopfert, um die Wälder in die Umgebung unserer Wohnstätten zu verpflanzen. Dort aber haben sie unter der symmetrischen Hand der Kunst ihre Stille, ihre Unschuld, ihre Freiheit, ihre Majestät, ihre Ruhe eingebüßt. Da ahmen wir zuweilen – für ei-

> nen Augenblick – die Rolle des Wilden nach; da spielen wir, die Sklaven unserer Gewohnheiten und Leidenschaften, die Pantomime des Naturmenschen. Angesichts der Unmöglichkeit, uns den Arbeiten und Freuden des Landlebens hinzugeben, auf den Fluren umherzustreifen, hinter einer Viehherde herzulaufen und in einer Strohhütte zu schlafen, fordern wir mit Geld und guten Worten den Pinsel eines Berghem (= Nicolaes Berchem, H. B.), eines Vernet dazu auf, uns die Sitten und die Geschichte unserer Vorfahren wieder vor Augen zu führen. So bedecken sich die Wände unserer ebenso prächtigen wie langweiligen Wohnungen mit den Bildern eines Glückes, dem wir nachtrauern …«[1]

Nicht ohne einige, wenn auch versteckte Kritik an Rousseau analysiert Diderot hier sarkastisch die ästhetische Kompensation dessen, was Odo Marquard Modernisierungsschäden nannte,[2] hier nämlich die Zwänge und Ödnisse des Großstadt-Lebens. Die Sehnsucht zurück zu unberührter, friedvoll-bukolischer Natur (auch sie ist eine literarische Fiktion) führt vor die verschlossene Tür der Vergangenheit. Die Freiheit, die im 18. Jahrhundert – von A. v. Haller über Schiller bis A. v. Humboldt – mit Natur identifiziert wurde, spiegelt nur die gefesselten Sklaven der Großstadt, die wir, nach Diderot, im Gegensatz zu den Wilden sind. Es ist die Kunst, die an die Wände unserer Behausungen die Bilder der Sehnsucht nach Natur zaubern soll. Symbolisch-ästhetisch wird rückerstattet, was real verloren ist. Erst recht dadurch wird Natur zur Projektion, zum Imaginären. In vorlaufender Modernität verhält sich Diderot skeptisch, ja negierend der Illusion gegenüber, eine Unmittelbarkeit von Natur, die nicht Artefakt, sondern Realität wäre, wiedergewinnen zu können – selbst wenn er diese Kunst bewundert.

Diese bis heute andauernde Herausforderung für jede noch so gut gemeinte Rede über Natur und Naturästhetik wird – auch das bereits im 18. Jahrhundert – noch verschärft dadurch, dass es eben unsere Anlage zu Kultur selbst ist, die zur Ursache des Bruchs mit Natur werde, ja zu ihrer Zerstörung führe. Es ist eine durchaus schmerzliche Paradoxie, in die Johann Gottfried Herder den Menschen anthropologisch wie kulturgeschichtlich hineingestellt sieht. So schreibt er in den 1784–91 entstandenen »Ideen zur Philosophie der Geschichte der Menschheit«: »Unter allen Tieren ist das Geschöpf der feinsten Organe, der Mensch, der größte Mörder.« Und fügt dem das Urteil absoluter Endlichkeit von Kultur *und* Natur hinzu:

> »So wenig das Leben des Menschen hienieden auf eine Ewigkeit berechnet ist: so wenig ist die runde, sich immer bewegende Erde eine Werkstätte bleibender Kunstwerke, ein Garten ewiger Pflanzen, ein Lustschloß ewiger Wohnung. (...) Der Mensch allein ist im Widerspruch mit sich und mit der Erde: denn das ausgebildetste Geschöpf unter allen ihren Organisationen ist zugleich das unausgebildetste in seiner eignen neuen Anlage ...«[3]

Seien wir also nicht überrascht, wenn wir heute allüberall auf Annahmen stoßen, wonach die gesellschaftliche Lebensform und Wirtschaftsweise des Menschen die Natur zerstört; die Natur sei nichts als ein Konstrukt oder eine Fiktion; jede Naturromantik sei sinnlos; wir lebten in einer »exzentrischen Positionalität«[4], also im Bruch zu uns selbst und zu den Objekten, Lebewesen und Sphären unser Umwelt; mit der Endlichkeit der Natur- wie Kulturgeschichte müssten wir rechnen. Es sind dies alte Ideen. Mit einigen heutigen Konzepten, die Antworten auf diese Herausforderungen geben wollen, und mit einigen sehr alten Traditionen und Kunstwerken, in denen wenigstens Teilantworten schon enthalten sind, beschäftigt sich der folgende Text.

I. Nach der Natur

Die radikale Erfahrung der letzten Jahrzehnte, wonach wir uns auf keinerlei Evidenz der Natur mehr verlassen könnten, führte mich zu einer Beschäftigung mit der Formel des »Zeitalters nach der Natur« (the age after nature). Ausgangspunkt war die Annahme, dass jeder Essentialismus, der uns an eine Natur als unverfügbar und ›real‹ (›da draußen‹) glauben ließe, unter den Anstürmen des Konstruktivismus und der dekonstruktiven Kritik zerstoben sei. Es sind acht Ebenen, auf denen die Formel des Zeitalters nach der Natur sinnvoll ist:[5]

1. ›Nach der Natur‹ hieß über Jahrhunderte: die Natur ist vorbildlich für alle Künste des Menschen, die auch dann, wenn sie technisch sind, Nachahmungen darstellen: *Natur ist Mimesis der Natur.* Auch Artefakte gelten als *naturalia*.[6] Diese *longue durée* der Mimesis ist vorbei.

2. Mit dem Tod Gottes und der Metaphysik, deren Ende Nietzsche angekündigt hatte, fand die Epoche ihr Finale, in der Natur als unverfügbare Schöpfung galt. Ihr wurde Würde und Schönheit zugemessen. Wir hingegen leben in einer *postkreationistischen Epoche.*

3. Durch die wachsende Mächtigkeit von Kultur und Technik wird menschliches Handeln von der Natur entkoppelt. Nicht nur in den technischen Arrangements, sondern auch in den Künsten dominiert (seit Baudelaire) nicht mehr die Natur, sondern das Artifizielle. Wir leben in einer *Epoche der Künstlichkeit*, in der Natürlichkeit kein Referenzpunkt mehr ist oder sein kann.

4. ›Nach der Natur‹ kann auch temporal, als Epochenfolge, aufgefasst werden: Kulturelle Einrichtungen waren die längste Zeit inmitten einer mächtigen Natur fragil situiert. Heute dagegen scheint es umgekehrt. Die Natur (des Erdkörpers) und viele ihrer Entitäten sind in Abhängigkeit zur Kultur geraten. ›Nach der Natur‹ heißt dann: wir leben nicht mehr im Holozän, sondern im *Anthropozän.*[7]

5. Eine *Antiquierung* hat die Natur auch insofern getroffen, dass sie als Quelle von norma-

tiven Geltungsansprüchen nicht mehr in Betracht gezogen wird. Werte und Normen sind kulturell autonome Regulationen von rechtfertigbaren sozialen Handlungen. Auch moraltheoretisch gesehen leben wir in einer postnaturalistischen Phase.

6. »Nature after nature« heißt ferner, dass Natur nicht mehr die erste Natur, sondern *altera natura*[8] sei. Diese zweite Natur wird als *Konstrukt* aufgefasst, sowohl epistemisch wie technisch.

7. Natur ist nicht mehr das Bild von Utopie, sei's der Befreiung, sei's des Friedens (Paradies). Sie hat ihre *eschatologische Funktion* eingebüßt. Sie ist zu einem mathematischen Gesetzeszusammenhang geschrumpft – ohne Bedeutsamkeit, d. h. sie ist entsemiotisiert. Natur ist kein Sinnzusammenhang, schon gar nicht im Sinne einer womöglich künftigen »Resurrektion der Natur«[9], wie es Karl Marx formulierte. In seinen Pariser Manuskripten von 1844 heißt es, durchaus noch romantisch-utopisch: »Also die *Gesellschaft* ist die vollendete Wesenseinheit des Menschen mit der Natur, die wahre Resurrektion der Natur, der durchgeführte Naturalismus des Menschen und der durchgeführte Humanismus der Natur.«[10] Und weiter: »Die in der menschlichen Geschichte […]

werdende Natur ist die *wirkliche* Natur des Menschen, darum die Natur, wie sie durch die Industrie, – wenn auch in *entfremdeter* Gestalt – wird, die wahre anthropologische Natur ist.«[11]

8. Die Natur als *mundus sensibilis* mag zwar für episodische Erfahrungen des Alltags noch eine Rolle spielen. Doch was den Wissenschaften als Natur gilt, ist *super- und subsensorische Natur*, im Kleinsten wie im Größten eine Natur jenseits aller Sinne, die erst durch komplexe Medien-Maschinen visualisiert werden muss. Heraklits Satz erhält eine völlig neue Bedeutung: »Die Natur liebt es sich zu verbergen«.[12]

Diese Feststellungen bilden den Hintergrund für die im Folgenden analysierten Konzepte, welche die Frage nach der Natur in der hochtechnischen Gesellschaft völlig verschieden beantworten. Anhand von Beispielen aus der Kunstgeschichte kritisiere ich einige dieser theoretischen Positionen und versuche, die historische Genesis und Leistungsstärke künstlerischer Vergegenwärtigungen von Natur ›vor Augen zu stellen‹, also evident zu machen. Damit vertrete ich die These, dass die ästhetische Evidenz, die ein Ergebnis intellektueller Durcharbeitung visueller Befunde sein kann, etwas durchaus Robustes gegenüber theoretischen

Spekulationen hat. Sie sollte vorerst der ebenso materiale wie sinnliche Grund der Naturästhetik bleiben. Ein Exkurs über Evidenz (*evidentia*) von Bildern, Objekten und Phänomenen wird diese Behauptung begründen. Wir sollten über Naturästhetik und Kunsterfahrung schweigen, wenn wir die Möglichkeit (*dynamis, potentia*) der Evidenz von nicht-gemachten wie gemachten Dingen (Naturalia und Artificialia) nicht mehr einzuräumen bereit sind.

II. Enargeia und Evidentia

Anders als die klassische Phänomenologie gehe ich im Folgenden nicht von der Annahme aus, es gäbe so etwas wie die gelungene Epoché, die erlaube, dass die Phänomene sich rein zeigen, weder kontaminiert vom Schmutz der Geschichte, der eigenmächtigen Schicht der Medien oder der willkürlichen Perzeption der Subjekte. Ohne Subjekte, Medien und Geschichte gäbe es keine Phänomene. Aber dass es ohne uns, ohne historische Wahrnehmungskulturen und ohne Medien keine Phänomene gäbe, heißt keineswegs, dass man einen universalen Konstruktivismus vertreten müsste. Es heißt auch nicht, dass es keine selbstevidenten Naturerfahrungen mehr gäbe, weil alles, was überhaupt noch Evidenz aufweist, ein Effekt der immersiven Kraft der technischen Medien sei. Phänomene sind (und bleiben es für eine nicht abschätzbare Zeit) unsere primäre Welt, der *mundus sensibilis*. Sie sind, trotz ihrer prinzipiellen Ungewissheit, ziemlich robust und man muss sich keine unnötigen Sorgen über ihr Verbleiben in der zunehmend artifiziellen Welt machen. Denn auch diese Welt zeigt sich uns als Aggregat von Phänomenen. Sinnesphysiologisch und wahrnehmungsästhetisch sind wir ptolemäisch und können die epochale Wende zu einem helio- oder polyzentrischen Universum nur denken, aber nicht wahrnehmen. Die Fotografie »Pale Blue Dot«, d. h. die Erde aus 6,4 Milliarden Kilometer Entfernung, 1990 aus der Voyager 1-Rakete aufgenommen, sagt uns nichts. Können wir diesen verschwindenden Punkt in der Milchstraße als die absolute Singularität unserer Erde erleben? »That's here. / That's home. / That's us«, wie der Astronom Carl Sagan diktierte.[13] Dies ist kein Wahrnehmungsurteil und hat insofern auch keine ästhetische, höchstens eine abstrakt-kognitive Evidenz. Unsere konservativen, nämlich in zwei Millionen Jahren gebildeten Sinne stimmen Husserl zu: »Die Erde als Ur-Arche bewegt sich nicht«.[14] Unsere Sinne bleiben anti-kopernikanisch, auch wenn wir vom Heliozentrismus wissen: Wir ›sehen‹ und ›fühlen‹ unter keinen Umständen, dass wir uns um die Sonne drehen. Wahrnehmungsästhetisch bleiben wir stets geozentrisch und heliotrop. Für das Leben auf der Erde ist dies die einzig richtige Option.

Phänomene sind stets gegeben, aber sie sind

deswegen nicht automatisch wahr. Ich behaupte aber weder, dass wir uns womöglich in einer Welt des phänomenalen Scheins bewegen (nach George Berkeley's Grundsatz: *esse est percipi*, den Jean Baudrillard zu einer postmodernen Apotheose steigerte), noch postuliere ich, dass wir, laut Lukrez auf epikureischer Grundlage, darauf vertrauen dürfen, dass die Phänomene uns die Welt erschließen.[15] Meine Frage ist: Was heißt es, wenn wir von der *Evidenz der Phänomene* sprechen, gleichgültig, ob es sich dabei um die Erscheinung eines Gemäldes, eines Computerbildes, einen Traum, eine Romanhandlung, einen Baum, eine Gebirgslandschaft oder das Meer handelt? Nach der antiken »Entdeckung der Phänomene« geht es heute um den notwendigen Versuch der »Rettung der Phänomene« und damit auch um die Möglichkeit »einer Philosophie der sinnlichen Erkenntnis«[16], die vor der Weltlosigkeit mancher heute vertretener konstruktivistischer Positionen bewahrt.

Mit *evidentia* und *perspicuitas* übersetzt Cicero das griechische *enárgeia* (ἐνάργεια), das von nun an leicht mit *enérgeia* (ἐνέργεια) vermischt wird. Cicero schreibt: »Denn es macht großen Eindruck, bei einer Sache zu verweilen, die Dinge anschaulich auszumalen und *fast so vor Augen zu führen, als trügen sie sich wirklich zu*. Das ist von großem Wert bei der Darlegung einer Sache, für die Erhellung dessen, was man auseinandersetzt, und für die Steigerung der Wirkung, um das, was man hervorhebt, *in den Augen der Zuschauer* so bedeutend darzustellen, wie die Rede es ermöglicht.«[17]

Man erkennt: Bei Evidenz geht es um die Darstellung von Sachen oder Phänomenen in der *Sprache*. Sie fällt damit in den Bereich der *Rhetorik*. Sie dient der Plausibilisierung des *Gesagten*, insbesondere dadurch, dass aus den Zuhörern gleichsam Zuschauer werden, indem der Rhetor die Sache so vorträgt, dass sie den Zuhörern *vor Augen steht*. Dies löst *fast* den Eindruck aus, man wohne dem Geschilderten *unmittelbar* bei. Dieses ›fast‹ (Geschehnisse so vor Augen führen, als trügen sie sich wirklich zu) ist für die Naturästhetik ebenso fundamental wie etwa für *Trompe-l'œil*-Gemälde: Nur der Dilettant wird die Darstellung mit dem Dargestellten verwechseln, während der Kenner dadurch, dass er nur ›fast‹ dem Anschein des Wirklichen erliegt, eben die Kunst der Darstellung umso mehr zu schätzen weiß. Von einem Naturanblick wird man, noch so überwältigt, nicht sagen, man habe die Natur selbst gesehen, sondern nur, wie sie sich in dem Gesehenen zeigt oder darstellt. Und erst recht gilt dies für künstlerische Vergegenwärtigungen von Natur.

Quintilian definiert entsprechend in »De institutione oratoria«:

»Daraus ergibt sich die ἐνάργεια (Verdeutlichung), die Cicero ›illustratio‹ (Ins-Licht-Rücken) und ›evidentia‹ (Anschaulichkeit) nennt, die nicht mehr in erster Linie zu reden, sondern vielmehr das Geschehen anschaulich vorzuführen scheint, und ihr folgen die Gefühlswirkungen so, als wären wir bei den Vorgängen selbst zugegen.«[18]

Susanne Gödde formuliert es für die griechische Tragödie wie folgt:

»Enargeia ist jene Qualität, die für die Anschaulichkeit und Plastizität der literarischen Darstellung bürgt, die den Text nicht nur zum Bild macht, sondern ihn auch in Bewegung versetzt; enargeia, so scheint es, ist die ›Energie‹ des literarischen Textes.«[19]

Dazu gehören die *schêmata* und *figurae* des Textes, die ihm räumliche Tiefe und Vorstellungskraft verleihen. So wird die Beziehung auf die Wirklichkeit des Zuschauers oder eben auch auf jene Natur (φύσις, *natura naturans*) aufgebaut, die allem zugrunde liegt – Beziehung mithin auf das, was nicht in »Konstruktionen der Wirklichkeit«[20] aufgeht, sondern diese erst ermöglicht. Diese Bestimmungen gehen auf Aristoteles (ἐνέργεια / actus im Unterschied zu δύναμις / potentia) und die Stoa (ἐνάργεια) zurück und werden seit 1500 in der Literatur- wie Kunsttheorie breit diskutiert.[21]

Bei Evidenz geht es stets um das sinnlich *Wahrnehmbare.* Allerdings ist in dieser Tradition das Phänomen stets der *Effekt des Vermögens (dynamis)* eines Mediums, das Schrift oder Töne hervorbringt, aber *keine* sichtbaren Dinge. Die textuell induzierten Wahrnehmungen sind vielmehr der *verwirklichte* Vollzug (= evidentia), der Actus des Sprechens oder Schreibens. Induziert wird die φαντασία (= lat. imaginatio, Vergegenwärtigung) der Sachen, Handlungen oder Personen, die nicht anwesend sind, aber im Inneren des Zuhörers eine Evidenz erlangen, als wären sie wirklich präsent. *Enargeia/evidentia erzeugt also innere Bilder* (Imaginationen) von einer solchen Kraft, dass wir vor Augen zu sehen *glauben*, was wir hören oder lesen.

Das aber heißt: Evidentia ist immer *konjunktivisch eingeklammert:* ›Es ist so, als ob … etwas wirklich präsent wäre‹. Dies motiviert noch Kant dazu, naturästhetische Evidenzen nur konjunktivisch, doch immerhin als eine

Art figürliche Sprache der Natur zur Geltung zu bringen, woraus der Kantianer Hans Vaihinger 1911 eine monumentale, auf alle Vermögen und Praktiken ausgedehnte »Philosophie des Als-Ob« entwickelte.[22] Bei Kant heißt das ›Als ob‹: die Natur ist der Schein, der in uns die Idee weckt, »als ob« die Natur »gleichsam absichtlich, nach gesetzmäßiger Anordnung und als Zweckmäßigkeit ohne Zweck« ihre Produkte hervorbringe – auf dass wir an ihrem Modell zwanglos *unseren* »letzten Zweck des Daseins« erkennen, und zwar »natürlicher (sic!) Weise in uns selbst«[23]. Das Naturschöne wird gedeutet, ›als ob‹ Natur selbst vernünftig, nicht nur Objekt unserer Erkenntnis, sondern selbst figurativ sei: *damit* wir uns als Vernunftsubjekte identifizieren. Die »Kritik der Urteilskraft« bildet eine Szene, auf der die Natur würdig wird, als Analogie der moralischen Autonomie zu dienen. Die »Verwandtschaft« zum »Sittlichguten«[24] ist es, die das Faszinosum des Naturschönen adelt. Kant fürchtet, dass man diese Konstruktion für »gar zu studiert« hält, »um sie für die wahre Auslegung der Chiffreschrift zu halten, wodurch Natur in ihren schönen Formen figürlich zu uns spricht«[25]. Jedenfalls ist es ein renaissancehafter Zug innerhalb einer Konstruktion, die das Naturschöne in die Regie der Vernunft nimmt.

In der langen Tradition seit den römischen Rhetorikern ist Evidentia also die *verwirklichte dynamis* einer Rede oder einer theatralen Darstellung. Sie leistet, was wir heute als Performativität bezeichnen: Sie kreiert eben das, wovon sie redet. Das ist das kreative Potential der Sprache, nicht eine Eigenschaft der Dinge. Auch Letzteren eine *evidentia* zuzusprechen, ist erst seit einigen Jahrzehnten möglich, seit man von der *agency* der Dinge spricht.[26]

Ferner sind die zur Erfassung von *evidentia* bei Cicero u. a. eingesetzten Metaphern stark durch Licht bestimmt. Dies geht auf Aristoteles zurück: Er nennt Licht eine Energeia, eine Art Erregungszustand des »Durchscheinenden« (διαφανής / *diaphanés*). Dieses Durchscheinende ist bei Aristoteles die »zugrundeliegende Natur«, die sich ebenso in der Transparenz- und Brechungseigenschaft von Wasser und Luft wie als kohärente Raumerfüllung des Alls zeigt[27]. Diese zugrundeliegende Natur führt den Namen ›Äther‹. *Evidentia*, so schließen wir daraus, ist keine trübe Wahrnehmung, sondern ein Lichterleben, eine (selbst)leuchtende Wahrnehmung.[28] Das macht die exzeptionelle Bedeutung von Lichtphänomenen in der Kunst, insbesondere in der heutigen Licht-Kunst aus. Gerade das Innovative und Kostbare an künstlerischen oder expositorischen Darstellungen muss nicht nur gedacht und konzeptualisiert, es muss auch illuminiert, sinnfällig und erfahrbar werden, kurz, es muss *enargeia* / Evidenz gewinnen.

Ich fasse zusammen: Der in allen europäischen Sprachen vorfindliche Begriff Evidenz geht auf das lat. *evidentia* und *perspicuitas* zurück, womit Cicero *enárgeia* übersetzt. Diese meint die Deutlichkeit, die Augenscheinlichkeit einer Sache, das leibhafte Hervortreten zur Sichtbarkeit. Der Spielraum von Evidenz reicht von den Mitteln, durch die Rechtfertigungen von Annahmen erreicht werden, bis zum Selbstleuchten einer Sache oder eines Naturobjekts in der Perzeption eines Subjekt. In diesem Sinn meint Evidenz sowohl das unmittelbare Gegebensein eines Objekts in seiner verbindlichen Präsenz (Selbstbezeugung des Objekts) wie die Unmittelbarkeit einer verweilenden Zuwendung des Subjekts zu einer Sache, wodurch die Sache einleuchtend und das Subjekt sich gewiss wird.

Diese Schwebe zwischen Aktiv und Passiv lässt an das Aristotelische *metaxü* (μεταξυ = lat. medium) denken. *Metaxü* bedeutet die Sphäre der Anwesenheit des Wahrnehmbaren. Dinge sind in der Weise des Sich-Zeigens.[29] Evidenz ist nichts Unmittelbares, wie es zunächst scheinen mochte, sondern ein Mittleres, ein Medium, man kann auch sagen: Evidenz ist ein energetisches Feld, das Subjekt wie Objekt einschließt. Sie ist mehr als eine analytische Kognition. Doch wird Letztere durch Evidenzen befördert und bezeugt.

Gerade angesichts dieser starken Annahmen über Evidenz muss man nicht unbedingt davon ausgehen, dass es eine Selbstevidenz von Dingen und Artefakten gäbe, die uns die Essenz deren Seins vor Augen stelle. Umso wichtiger sind die ästhetischen Operationen, mit deren Hilfe Kunstwerken bestimmte Evidenzen *zugesprochen* werden. Das Mittlere der Evidenz zwischen Subjekt und Objekt hat zu einer Auseinanderlegung der beiden Seiten geführt: So ist Evidenz einmal der Effekt des aktiven, modellierenden Zurechtmachens; dabei wird Evidenz als Konstrukt oder Inszenierung verstanden. Oder gerade im Gegenteil wird Evidenz gefasst als Effekt einer Zurückhaltung (*epoché*) des Subjekts, das zum Resonanzkörper[30] der performativen Leuchtkraft des Objekts wird, dem damit Vorrang vor dem Subjekt eingeräumt wird. Im Feld der Ästhetik wird Letzteres auch unter der präsenzästhetischen Formel »Was sich zeigt«[31] abgehandelt, während Ersteres darauf zielt, Evidenz als Konstruktion zu dekonstruieren.[32]

Evidenz muss nicht nur vorgestellt, gedacht und konzeptualisiert, sie muss auch illuminiert, sinnfällig und erfahrbar werden, kurz, Evidenz ist ebenso ein Pathos (ein Erleiden) wie eine aktive Machart, ein Sich-Zeigen wie auch ein ästhetisches Verfahren. Das gilt für Gegenstände der Kunst und des Alltags ebenso wie für Dinge der Natur oder für landschaftliche Integrale derselben. Der Spielraum von Evidenz reicht deswegen von den Mitteln, durch die Rechtfertigungen von Annahmen erzielt werden (Evidenz als Beweismittel), bis hin zum lichtmetaphorisch gefassten Selbstleuchten einer Sache im Wahrgenommenwerden durch ein Subjekt. In diesem Sinn meint Selbstevidenz sowohl Unmittelbarkeit der Gegebenheit eines Objekts in seiner verbindlichen Präsenz (Selbstbezeugung des Objekts) wie die Unmittelbarkeit einer erfüllten Zuwendung und Zustimmung eines Subjekts zu einem Gegenstand. So kann festgehalten werden, dass Natur nicht von sich aus Evidenz hat oder zeigt. Sondern Evidenz kann in bestimmter ästhetischer Einstellung (auch) an Natur erfahren werden. Kunst ist dabei eine der Möglichkeiten, Natur zur Evidenz zu bringen, ohne dass Natur überhaupt gegenwärtig ist, sondern nur ein Gemälde, eine Fotografie, eine Installation. Kunst hat das paradoxe Privileg oder das Vermögen (*dynamis*), Natur gerade dadurch evident zu machen, dass sie Kunst (und nicht Natur) ist.

III. Kleine Umschau von Naturpositionen

Die hier folgenden knappen Kritiken bedeutender Gelehrter wird keineswegs ihrem Werk gerecht. Sie sind zugespitzt auf Probleme, die sich bei der Ausarbeitung einer Naturästhetik immer wieder als Herausforderungen oder Perspektiven ergeben. Bewusst lasse ich gerade solche Abhandlungen aus, die bereits ein hohes Maß an theoretisch und historisch reflektierter Naturästhetik zeigen.[33]

1. Philippe Descola: Jenseits von Natur und Kultur

Der Ethnologe und Nachfolger Claude Levi-Strauss' am Collège de France, Philippe Descola, vertritt die Position, dass die Trennung von Natur und Kultur eine okzidentale und imperiale Episode der Weltgeschichte darstelle.[34] Im Vergleich zu den zahllosen Kulturen weltweit, die diese Trennung ebenso wenig kennten wie die zwischen Menschlichem und Nicht-Menschlichem, sei der europäische Begriffsdualismus eine exotische Minderheitenposition. Nun sind animistische, magische und totemistische Kulturen nicht schon deswegen attraktiv, weil sie im Widerspruch zur europäischen Moderne stehen, die, nach Bruno Latour, gerade in diesem Punkt vielleicht gar nicht modern ist.[35] Denn entgegen ihrer begrifflichen Trennungen von Natur und Kultur steht die Moderne in den konkreten Handlungsverwicklungen in einem permanenten Mischungsverhältnis beider Seiten. Zudem entscheiden über die Geltungsansprüche von begrifflichen Ordnungen nicht Mehrheitsverhältnisse oder die Ideengeschichte (woher und von wann und wem stammt der Begriffsdualismus?), sondern die Überprüfung der mit ihnen verbundenen Annahmen. Es fehlt indes bei Descola die Prüfung der Frage, ob der Begriffsdualismus von Kultur und Natur überhaupt jemals als strikter Gegensatz, als radikale Exklusion aufgetreten ist, nach dem Muster: wo Natur ist, ist Kultur stets nicht, und umgekehrt. Für den Historiker des Okzidents stellt es sich völlig anders dar: Auf der Achse zwischen Natur und Kultur tritt eine Vielzahl von Differenzen und Indifferenzen, Verwandtschaften und Idiosynkrasien, Kontinuitäten und Diskontinuitäten, Trennungen und Mischungen auf. Dies ist so, weil – gerade in der europäisch-amerikanischen Kultur – eine Vielfalt von Beziehungen zum Nicht-Menschlichen entwickelt wurde; ja, man könnte behaupten: in keiner Region der Welt gibt es eine solche Vielzahl von verwirklichten Naturbeziehungen wie im Okzident.

Könnte es nicht sein, dass gerade magische Kulturen ein durchweg homogenisiertes Verhältnis von Menschen zum Nicht-Menschlichen aufweisen? Sie kennen zwar viele Akteure: Menschen, Tiere, Stoffe, Dinge, aber immer nur denselben Wirkungsmodus, die magische Fernwirkung – oder die totemistische Subsumtion bzw. die animistische Belebung allen Seins. Und ist es nicht charakteristisch, dass die westlichen Kulturen zwar einen begrifflichen Universalismus ausgebildet haben und auch die Universalisierung von wissenschaftlichen Verfahren und Gesetzen anstrebten, dabei aber stets die Erfahrung von deren Historizität gemacht hat? Hat dies im Weltvergleich nicht zu einer singulären »kritischen Selbstreflexivität« der epistemischen Voraussetzungen und Prozeduren geführt? Und hat dies nicht zu einer kulturell vielfältigen, widersprüchlichen Synchronie von Umgangsformen und Koppelungen mit der nicht-menschlichen Natur geführt? Selbst dann, wenn man den westlichen Typ von Naturwissenschaften im Weltmaßstab als exotisch versteht: muss man etwa nicht die praktischen Vorzüge und Errungenschaften eben dieser Wissenschaften prüfen, wenn es um ihre vergleichende Beurteilung geht? Ist der Universalismus, den angeblich Europa kreiert und imperial ausgedehnt hat, nicht ein Vermögen des menschlichen Denkens, nämlich von Einzelsituationen abstrahieren zu können, ein Vermögen, das, folgt man Michael Tomasellos »Naturgeschichte des menschlichen Denkens«[36], viel älter ist als die Eintagsfliege Europa?

Es geht mir nicht darum, diese Frage zu beantworten, sondern zu zeigen, dass in der Kunst die von Descola unterstellte Kultur/Natur-Trennung gerade nicht besteht, ja, dass die Kunst längst »jenseits von Natur und Kultur« steht, dort also, wohin Descola auf dem Weg oder Umweg über die weltweiten Stammeskulturen gelangen möchte. Descola zielt mit seinem materialreichen Buch darauf, der Kulturanthropologie zu einer zentralen Position zu verhelfen und dabei den vielen Kulturen der Welt zur Anerkennung zu verhelfen; dies kann man unterstützen. Doch gelingt ihm dies nur über eine pauschale und historisch unhaltbare Europa-Kritik, die man, in Umkehrung von Edward Saids »Orientalismus«[37], einen ›stereotypen Okzidentalismus‹ nennen könnte.

2. Michael Hampe: Natur gibt es nicht

Der Philosoph Michael Hampe erklärt, dass es ›die Natur‹ überhaupt nicht gäbe, sondern nur natürliche Entitäten, die ihrerseits durch Großkatastrophen (Einschläge von Groß-Meteoriten) oder durch anthropogene Zerstörungen (Klima-Katastrophe, Artensterben etc.) in einen öko-apokalyptischen Nexus eingetreten seien.[38] Von ›der Natur‹ zu sprechen, führe zu Essentialismus und dieser wiederum zu naturalistischen Fehlschlüssen. Natur sei eine ideologische Formel, welche die vernünftige Unterscheidungsfähigkeit verletze. Wieso aber verbietet sich dem Denken die begriffliche Abstraktion ›*die* Natur‹? Wenn dem so wäre, dann wäre auch die Rede über das Leben, das Sein, die Menschheit, die Menschenrechte, die Kultur ohne Sinn. Es gäbe aber auch nicht ›die Kausalität‹ etc., überhaupt keine universalisierten Kollektivsingulare, auf denen das philosophische Denken beruht. In der Ordnung des Denkens ist es sinnvoll, begrifflich zwischen Kultur und Natur zu differenzieren, während man auf der Ebene der untersuchten historischen Praktiken immer nur Mischungszustände, Hybridbildungen, Wechselwirkungen, Übergänge findet, aber auch Diskontinuitäten, Differenzen und Gegensätze. Diese indes kann man erst feststellen und analysieren, nachdem man ein begriffliches Instrumentarium entwickelt hat, in dem ›Natur‹ und ›Kultur‹ wohlunterschiedene Termini darstellen.[39]

3. Wilfried Menninghaus: Alles ist Natur

Der Komparatist und Gründungsdirektor des Frankfurter Max-Planck-Instituts für empirische Ästhetik Wilfried Menninghaus vertritt, diesseits jeder ökologischen Perspektive, folgende Auffassung: Alle ästhetischen, also auch naturästhetischen Effekte sind Derivate der Natur selbst, nämlich der Evolution, insofern es in der Ästhetik um die Erzielung von Vorteilen im natürlichen Wettstreit um Reproduktion ginge.[40] Dies ist evolutionsgeschichtlich sicher richtig. Die Frage ist nur, ob dies für die modernen Gender-Verhältnisse, das heutige Fortpflanzungsverhalten und ob es für die »nicht mehr schönen Künste«[41] der gegenwärtigen Kultur zutrifft. Menninghaus beschränkt sich in seinem naturalistischen Entwurf der Ästhetik darauf, die Schönheit als dasjenige zu erweisen, was die Logik einer der beiden großen Antriebskräfte der Evolution bestimmt, nämlich die *sexual selection*. Darwin war indes über diesen Punkt hinaus auch an einer Naturästhetik interessiert; ja, die Naturerfahrung auf seinen Expeditionsreisen bildete das Hintergrundkonzept seiner im engeren Sinn biologischen Forschung: Natur als Inbegriff des wuchernden Lebens, die auch für seine Stilistik und Textverfahren zum Vorbild wurde. Man kann dieses Naturbild im Kontext der berühmten Schlusspassage aus *On the Origin of Species* (1859) sehen, eine Apotheose der »entangled bank«.

> »It is interesting to contemplate an entangled bank, clothed with many plants of many kinds, with birds singing on the bushes, with various insects flitting about, and with worms crawling through the damp earth, and to reflect that these elaborately constructed forms, so different from each other, and dependent on each other in so complex a manner, have all been produced by laws acting around us. These laws, taken in the largest sense, being Growth with Reproduction; Inheritance which is almost implied by reproduction; Variability from the indirect and

direct action of the external conditions of life, and from use and disuse; a Ratio of Increase so high as to lead to a Struggle for Life, and as a consequence to Natural Selection, entailing Divergence of Character and the Extinction of less-improved forms. Thus, from the war of nature, from famine and death, the most exalted object which we are capable of conceiving, namely, the production of the higher animals, directly follows. There is grandeur in this view of life, with its several powers, having been originally breathed into a few forms or into one; and that, whilst this planet has gone cycling on according to the fixed law of gravity, from so simple a beginning endless forms most beautiful and most wonderful have been, and are being, evolved.«[42]

Dies ist eine andere Naturkonzeption als die funktionalistische der neodarwinistischen Ästhetik. Es ist das romantische und erhabene Erbe der Naturästhetik – *the grandeur in this view of life*[43] –, die ihre Wurzeln nicht nur in Lektüren, sondern in konkreten Naturerfahrungen Darwins während seiner legendären Forschungsreise hat. Diese Seite des Darwinschen Denkens steht dem strikt auf Überlebensvorteile bedachten Funktionalismus gegenüber und kann als imaginativ bezeichnet werden, also der Kunst nahestehend: Bilder einer vitalen, überbordenden, in überwältigender Fülle arbeitenden, großartigen Natur, wie sie sich bei Darwin immer wieder finden.[44] Die Bilder einer Natur als chaotische Vitalität, ihre Ambivalenz von Fruchtbarkeit und Zerstörung: sind sie ein Tribut an den ästhetischen Zeitgeschmack? Ein ›Survival‹ vormoderner Naturphilosophie und Naturtheologie, ein bloß rhetorisches Ornament, das dem literarischen Stil Darwins geschuldet ist – ohne weitere Bedeutung für die Epistemologie Darwins? Ist in den Widersprüchen zwischen Newtonscher Gesetzesstrenge und fruchtbarer wie zerstörerischer Naturfülle auch eine Genderisierung der Natur enthalten? Den eher harmonisch-benevolenten Fruchtbarkeitsbildern stehen die aggressiven Imaginationen der *wedges* gegenüber. Hunderttausende von Keilen durchdringen das Integrum der Natur und treiben es in einem bellizistischen Sinn auseinander, aber auch voran. Irenisches und Kriegerisches beherrschen in einem komplexen Zusammenspiel die Dynamik der Natur, die gerade nicht einem Newtonschen Physikalismus gehorcht, sondern einem biologischen, d. h. selbstorganisierten, aleatorischen, durchaus chaotischen, doch vernetzten

Dynamismus folgt. Aus diesem der Natur selbst immanenten Antagonismus werden die ›Gesetze‹ der Evolution abgeleitet (Vererbung, Selektion, Variation), die weniger der Gleichförmigkeit Newtonscher Bewegungsgesetze entsprechen als vielmehr der *entangled bank*. Die Natur in ihrer wuchernden Fülle wird zur Metapher einer nicht-linearen Evolution: ganz anders, als es der blasse Funktionalismus vieler Evolutionstheoretiker uns glauben macht.[45]

4. Ottmar Ette: Überlebenswissen

Für den Potsdamer Literaturwissenschaftler Ottmar Ette sind die Kulturwissenschaften insofern Lebenswissenschaften, als die nomothetischen Naturwissenschaften längst nicht mehr auf das Leben des Einzelnen bzw. von Gemeinschaften zielten.[46] In den Künsten (und in den Philologien) ginge es dagegen um die Artikulation und Verkörperung von Subjektivitäten, um Anders-sein-Können, um Diskontinuitäten, Unschärfen, Betroffenheiten, Differenzierungen und Alteritäten in den Vielgestalten der Lebewesen etc. Ich denke nicht, dass mit diesen Merkmalen moderner Kunst und Literatur Eigenheiten des Lebens (etwa von menschlichen oder nicht-menschlichen Organismen) oder auch nur die Lebendigkeits-Anmutung der Kunst erfasst werden. Die Leistungen der Kunst, die von Ette als Beiträge zu einem »Überlebenswissen« ausgestellt werden, beruhen auf einer Überschätzung der Kunst für das Leben. Und Ette unterschätzt zugleich die Fähigkeiten etwa der Biologie oder der Neurosciences, Beiträge zu einem Lebenswissen zu liefern. Das große »Historische Wörterbuch der Biologie« von Georg Toepfer belegt in vielen Lemmata die geradezu überragende Bedeutung, welche die Biologie seit der Antike für die Bildung von Lebenswissen hatte und hat.[47]

Wenn man nach dem Wissen fragt, das die Literatur nicht für die binnenästhetische Differenzierung, sondern für das Leben und gar Überleben liefert, dann stößt man auf ganz andere Felder als die von Ette genannten. So werden z. B. folgende für die Kultur notwendige Fähigkeiten und Techniken gefördert, als »Überlebenswissen« kreiert: die Expression und Kultivierung von Gefühlen in Spannung zu den uns evolutionär zugehörigen Triebdynamiken und Affekten; insbesondere die Kultivierung der schon im Tierreich vorfindlichen Eusozialität im Konflikt mit aggressiven Dynamiken und selektiven Mechanismen. Dabei fördert die Literatur die für die Entwicklung von Gesellschaft und kulturellem Lernen so wichtigen Vermögen der Empathie und der Mimesis; sie unterstützt das natur- und sozialräumliche Mapping; sie reflektiert das konfliktreiche Verhältnis von Selbstbehauptung und Abgrenzung, von Einordnung und Bindung und leistet einen Beitrag (aber keine Lösung) zur Wahrnehmung und Wahrung der Natur. Neben diesen Funktionen der Literatur gibt es, besonders seit der Moderne, noch all die literarischen Strategien, auf die Ette Bezug nimmt: Literatur bringt das Dissonante und Abweichende, die Alteritäten und das Minoritäre, den Widerstreit und die Identitätsverluste zur Geltung und reflektiert ihre Kontexte. Aber dies ist gewiss nicht die Funktion einer Naturgeschichte der Literatur von den urgeschichtlichen Erzählungen bis zu den Epopöen der europäischen Klassiker. Sondern erst, seit sich die Literatur von einem Integrationsmedium zu einem kritischen Reflexionsmedium transformiert hat, kann man ihr diejenigen Funktionen zuschreiben, die Ette als ihre Essenz annimmt. Die Philologien indes, so muss man einräumen, haben zu den Aufgaben des Lebenswissens herzlich wenig beigetragen – durchaus im Gegensatz zu ihrem Gegenstand: der Literatur.

5. Ökologischer Ansatz und Ecocriticism: Im Dienste der Kultur

Der ökologische Ansatz[48] oder der amerikanische Ecocriticism[49] benötigen nach wie vor die Kultur/Natur-Differenz, ohne den Konstruktivismus der Moderne völlig abzulehnen oder ihn romantisch durch Hypostasen der Natur zu unterlaufen. Jenseits einer Schutzökologie (die auf eine schadenskompensatorische Musealisierung der Natur hinausläuft) geht es diesem Ansatz um die durchaus technikkompatible Frage: Welche Natur wollen wir? Damit wird Natur zum Projekt, in das evolutionäre Gestalten und Prozesse der Natur ebenso eingehen wie Bedürfnisse der Kultur. Dies führt zu transitorischen Mischungszuständen von Kultur und Natur in mittlerer Reichweite. Ja, man kann sagen, dass die optimistische Variante des ökologischen Ansatzes diese Mischungen geradezu programmatisch anstrebt. Dies ist ein fernes Echo auf die Utopie des jungen Marx, als er vom Doppelziel der Naturalisierung des Menschen und der Humanisierung der Natur sprach. Auch im Ecocriticism wird die Dichotomie von »natürlicher Anlage« und »kultureller Prägung«, von *nature* und *nurture* aufgehoben, doch nicht mit dem Ziel, diese Begriffe und ihre Differenzen aufzulösen. Vielmehr sollen einerseits die destruktiven Exklusionen beider Seiten überwunden und andererseits eine nachhaltige Form der gesellschaftlichen Reproduktion durchgesetzt werden. Dies ist an die Herstellung von Gerechtigkeit und Frieden gebunden, wobei diese politischen Kategorien über die Humangesellschaft hinaus auf die nicht-menschlichen Entitäten und die natürliche Um- und Mitwelt ausgedehnt werden.

6. Gendering Nature

Spätestens seit den Studien u. a. von Carolyn Merchant, Evelyn Fox Keller und Londa Schiebinger,[50] Sammelbänden etwa von Barbara Orland/Elvira Scheich und seit den Science & Gender Studies von Donna Haraway,[51] die sich weit in die Kultur- und Literaturwissenschaft verbreitet haben, ist das Konzept Natur nicht mehr genderneutral zu behandeln. In Naturwissenschaft und Technik wurden, dem Anschein nach, jahrhundertelang die Wissensgenerierung und der technische Umgang mit Natur ohne Referenz auf Gender praktiziert. Es geht dabei um weit mehr als um den jahrhundertelangen Ausschluss von Frauen aus der Wissenschaft oder um soziale und berufliche

Benachteiligungen heute noch in Universitäten und Forschungseinrichtungen. Die komplexere Herausforderung besteht vielmehr darin, das Verhältnis von *nature* und *nurture* auch genderanalytisch darzustellen. Es hat sich herausgestellt, dass die Natur implizit wie explizit seit der Antike als weiblich phantasiert und Wissenschaft und Technik als eine männliche Praxis entworfen wurde, die dem Ziel der Beherrschung der Natur, sprich: der Frauen, ja des Weiblichen diente. Heute kommt Weiteres hinzu: Wie die Dichotomien zwischen Menschen und Tieren in Genetik und Verhaltensbiologie ins Schwimmen geraten sind, so entfalten Bioengineering, *human enhancement* sowie prothetische und kybernetische Technologien eine Dynamik, die Genderidentitäten als biologisches Schicksal wenn nicht aufheben, so doch infrage stellen. Transgressive Impulse und transversale Überschneidungen zwischen Menschen und Tieren sowie zwischen Menschen und Maschinen machen Unterscheidungen zunehmend diffus. Die rasante Ausdehnung der technischen Machbarkeiten löst tendenziell das ontologische Gefüge der Gattungsidentitäten auf, das im Begriffsfeld von Mensch, Tier, Maschine, Natur, Kultur, Technik uns lange Zeit zu stabilen Orientierungen verhalf.[52]

7. »Technik der Natur«

Mit der Formel »*Technik der Natur*« nimmt Kant Bezug auf ein mögliches Formvermögen der Natur selbst – *vis plastica naturae*. Diese ist ein Grenzphänomen, bei dem Semiotik, Erkenntnis, Empirismus und Kunst gerade nicht auseinandergetreten sind. Dass die Natur nicht nur eine Ordnung kausaler Kräfte, sondern eine formbestimmte, semantisch aufschlussreiche »Chiffrenschrift« darstelle, ist Kants Überzeugung. Deswegen wird er zu dem Ästhetiker, der das Naturschöne dem Range nach vor das Kunstschöne platziert – eine Reihenfolge, die Hegel in seiner Ästhetik, programmatisch für die Moderne, radikal umkehrt.

So spricht Kant von einer »Technik der Natur« (*KdU* B 56, 77), die dem Menschen – als technisch handelndem Lebewesen – angepasst ist und sein Bedürfnis nach Entsprechung von Natur und subjektiver Urteilskraft erfüllt.

> »Die selbständige Naturschönheit entdeckt uns eine Technik der Natur, welche sie als ein System nach Gesetzen (…) vorstellig macht (…) Sie erweitert (…) zwar nicht unsere Erkenntnis der Naturobjekte, aber doch unsern Begriff von der Natur, nämlich als bloßem Mechanism,

> zu dem Begriff von eben derselben als Kunst (...).«[53].

Natur enthalte, so Kant, eine »unabsichtliche Technik (*technica naturalis*)«[54]: Technik ohne Intention! Es ist ein poetisches Begegnen von Vernunft und Natur, die eben jene Trennung überspielt, von deren dogmatischer Geltung fürs Abendland Descola überzeugt ist. Zwar ist die Formkraft der Natur ein »tief versteckt[er]« »Fremdling in der Naturwissenschaft«[55]. Für die Urteilskraft allerdings gilt dieser Fremdling als eine subjektive Zweckmäßigkeit der Natur, die nicht anzuerkennen eine wesentliche Tradition des europäischen Denkens unterschlagen würde.

IV. Entdeckung und Gestaltung. Bildkünstlerische Beispiele von Bruegel bis Beuys

Im Folgenden werden einzelne, in unserem Zusammenhang nicht eben oft besprochene Werke der Kunstgeschichte behandelt; visuelle Argumente, die zeigen, dass in der europäischen Ästhetik starke Traditionen bestehen, die keinen Gegensatz zwischen Natur und Kultur setzen, aber dennoch nicht animistisch, magisch oder totemistisch sind. Ferner scheint es unausweichlich, von ›*der* Natur‹ zu sprechen, wenn man nicht den Kern vieler Kunstwerke verfehlen will, die eine Natur als ganze oder konkrete Überschneidungen von Natur/Kultur aufzeigen. Es geht mithin um die Selbstbehauptung naturästhetischer Positionen, die umzingelt sind von mächtigen Theorien, die auf deren Liquidierung zielen.

Das Tafelbild Robert Campins[56] stellt ein klassisches Motiv der sakralen Malerei dar, allerdings mit ungekannter malerischer Präzi-

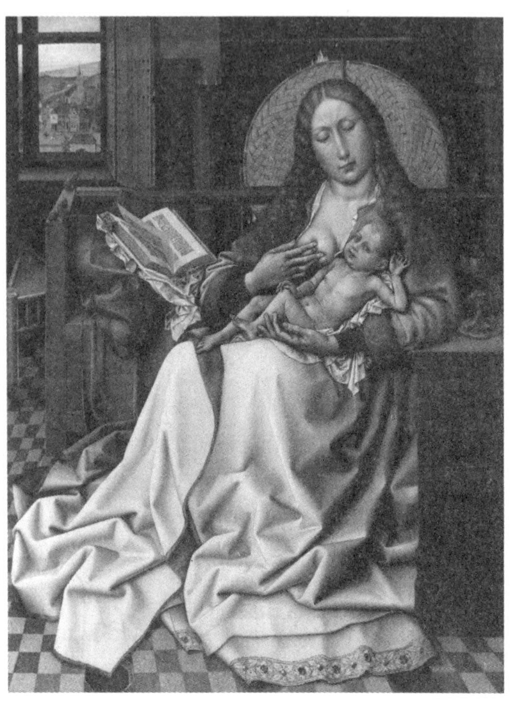

sion, Lichtbehandlung und Raumaufteilung, die schon zu den Höhepunkten der altflämischen Malerei gehören. Ein Detail ist hier besonders interessant: der Fensterdurchblick, der vom Interieur ins Exterieur führt und zugleich eine Metapher der Malerei überhaupt ist. Nach Leon Battista Alberti sind Bilder Fenster (»finestra aperta« bzw. »prospectiva«), gerahmte Ausschnitte von Welt, die das Dargestellte definieren und dieses auf den Betrachter ebenso beziehen wie von ihm trennen.[57] Zunächst aber ist der Blick konzentriert auf Mutter und Kind, die, durch Barriere und Schirm vom Rückraum getrennt, den Vordergrund beherrschen. Der Blick wird dann von den Fußbodenkacheln hinter die Szene geführt und fliegt geradezu, vorbei am eisenbeschlagenen Fensterladen, wie von einem zweiten Fluchtpunkt angezogen, ungehindert durchs Fenster in die Weite einer Landschaft.[58]

So, als Fensterblick, beginnt die Landschaftsmalerei und mit ihr auch die Naturästhetik, die später auch in Genres wie dem Stillleben, den Tier- und Pflanzenporträts Anerkennung findet.[59] Man kann dies bei Rogier van der Weyden oder Jan van Eyck u. a. studieren. Der Fensterblick, als Vermittlung von Interieur und Exterieur, bewahrt bis in die Moderne seine Zugehörigkeit sowohl zur Naturästhetik wie zur Bildreflexivität der Kunst.

Über die Stadtmauer mit Tor hinweg findet der Blick ersten Halt in einem Ensemble von Häusern, überragt von einer gotischen Kirche, während auf Platz, Gassen und Häusern soziales Leben in kleinen Szenen dargestellt ist. Dominieren im Vordergrund die baulichen Zeugnisse der Kultur als Schauplätze sozialer Szenen, so führt jenseits davon ein Weg ins Ferne. Ein Gehöft, ein Dorf, Buschwerk, ge-

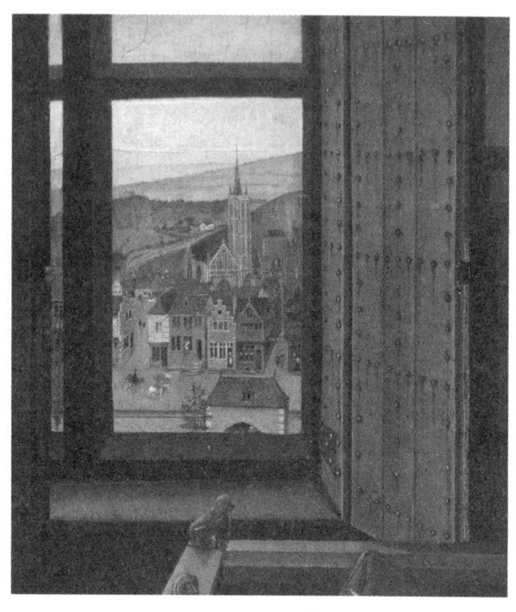

säumte Wiesen, vielleicht ein Schloss auf waldigem Hügel, bilden den agrikulturellen Mittelgrund, der sich in bläuliche Ferne auflöst. Diese weist keine Objektkonturen mehr auf – außer den Linienführungen der Hügel und den Schattierungen jener Farbe, die von nun an die Ferne bis zum Horizont staffeln wird: das dunstige Blau. Joachim Patinir ist später der Meister für diese im fernen Blau sich auflösenden Tiefenstaffelungen des landschaftlichen Raums. Darüber der noch hellere, hier noch nicht durchs Wolkenspiel gegliederte Himmel.

Die kulturellen Spuren verlieren sich aus dem Bild und es scheint nichts als Natur zu sein.

Doch auch die sakrale Szenerie im Vordergrund zeigt Spuren von Natur und Natürlichkeit: in der feinen malerischen Bearbeitung des Flechtwerks, dem Gefältel des Stoffes, dem Lockigen der Haare, der Materialität des aufgeschlagenen Buches. Letzteres ist ein Attribut der gelehrten Maria, die indes mit der Darreichung der Brust an eben die Fleischesnatur erinnert, die auch das nackte und schutzbedürftige Kind, den Gottessohn, charakterisiert.[60] Auch durch die Materialästhetik der Stoffe (Holz, Eisen, Stein, Ton, Textilien) und die Flamme markiert der Maler, innerhalb des heiligen Rahmens, die stumme und stille Präsenz der Natur. Das Gemälde setzt dabei voraus, was im späteren Konstruktivismus vergessen wird: dass nämlich in jedem technischen Gebilde die Natur als Stoff, Verhältnis, Prozess, Gesetz ein notwendiger Co-Agent der technischen Produktion ist. Nimmt man den Fensterblick hinzu, so darf man von einem Kontinuum der Übergänge reden: vom Heiligen zum Profan-Sozialen des Städtchens, zur Agrikultur und zu der im Fernen für sich seienden Natur. Doch die Natur zeigt auch im Vorder- und Mittelgrund ihre Präsenz an, in den Transformationen der Naturstoffe in kulturelle Arte-

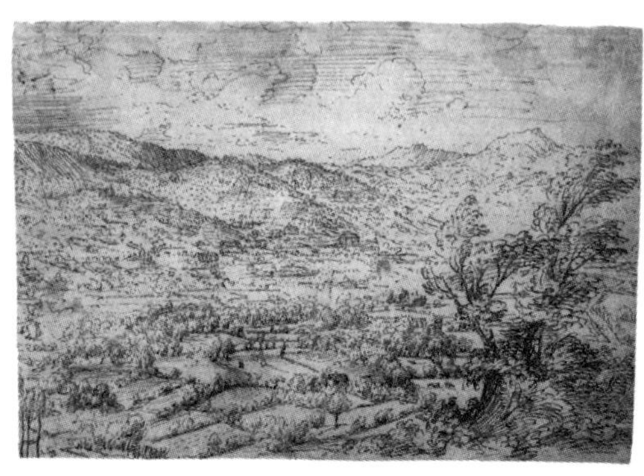

fakte. Nirgends also finden wir die von Autoren wie Descola unterstellte okzidentale Dichotomie von Natur und Kultur.

Nehmen wir als Nächstes eine Zeichnung von Pieter Bruegel d. Ä., die er während seiner Italienreise fertigte. In diesen Jahren wird Bruegel zum Landschafter, ähnlich wie vor ihm schon Albrecht Dürer durch seine Alpen-Italien-Reisen zu seinen landschaftlichen Zeichnungen und Aquarellen angeregt wurde. Dies ist ein starkes Kapitel in der »Entdeckung der Natur«[61] durch Kunst und Ästhetik, nicht nur durch Forschung und Studium. Von einem erhöhten Blickpunkt aus, höher noch als rechts der Busch, wird der Blick in vogelhafter Leichtigkeit in die Weite des Tales an die Hügelkette heran- und hinaufgeführt, um sich im Luftraum über den Bergen zu verlieren. Die einfache, fast jede Umrisskontur vermeidende Strichführung löst die Objekte aus ihrer Vereinzelung und fügt sie in die Dominante des Erdraums ein, dem indes – durch das Federleichte der Strichführung – alles Lastende, die erdhafte Gravitas fehlt. Die Formation der Berge und des Tales, die Gebüsche und Wäldchen, die eingefriedeten Wiesen, die Tiere auf der Weide hier und da, sowie schließlich verstreut ein paar Häuser, zu keiner dörflichen Agglomeration verdichtet: das ist alles. Menschen sind gar nicht zu sehen. Alles Schroffe und Schwere, gar Mühselige (auferlegt von einer Natur als grausame Stiefmutter; *tristior noverca*) ist durch die milde, irenische Fernrückung getilgt.[62] Kultur wird nur in wenigen Zeichen und Markierungen repräsentiert, eingefügt und zur Minderheit gemacht durch die alles integrierende Weite des Tales. Diese Integration wird zwar durch Blickregie und Ausschnitt vom Künstler (und vom Betrachter) hervorgebracht, doch steht sie auch für jene Einbettung von Kultur in Natur, die zu dieser Zeit im ruralen Raum noch besteht. Ein Gegensatzverhältnis von Kultur und Natur gibt es hier nicht.

Ganz anders geht es auf Bruegels Gemälde »Landschaft mit Sturz des Ikarus« zu. Von einem bei Bruegel häufigen, stark erhöhten Blickpunkt aus *fällt* (wie Ikarus?) der Blick in

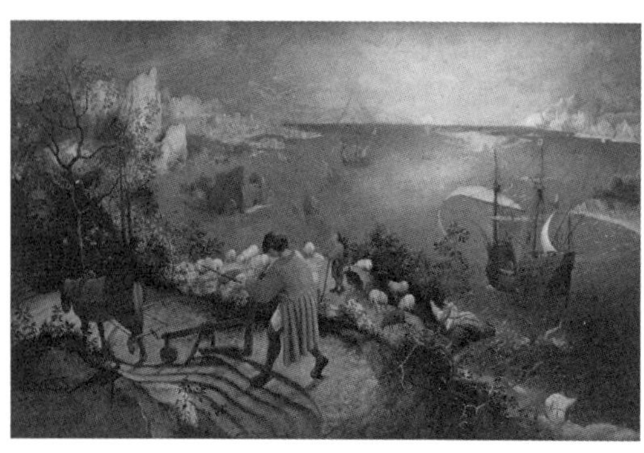

die Tiefe und in die Weite einer Weltlandschaft. Von Ikarus, dem leichtsinnigen Himmelsstürmer, der wie Phaeton nicht Maß noch Mitte finden kann, sieht man nur noch ein Bein aus dem Meer ragen und einige Federn seines Fluggeräts herabtaumeln. Er wird gleich verschwunden sein, eine nebensächliche Episode, im Gegensatz zum Bildtitel, der ihn zum Protagonisten macht. Das Schiff segelt in die entgegensetzte Richtung, keine Rettung, nirgends, auch keine Anteilnahme: Pflügender Bauer, Schaf-Hirt und Angler (von Ovid als Zuschauer, die Götter am Himmel fliegen zu sehen glauben, verspottet[63]) würdigen Ikarus keines Blickes. Der Hirt hat den Blick zum Himmel erhoben wie ein *contemplator coeli*, der Bauer senkt den Blick auf sein Arbeitsgerät, den Pflug: *cultor agri*. Beider betonte Position könnte nahelegen, dass sie (wie bei Hesiod[64]) die duale agrikulturelle Ordnung (ohne die habituelle Feindschaft zwischen Bauer und Hirt) repräsentieren, oder eben auch die angemessene Haltung des Menschen, der sowohl Bebauer der Erde (in horizontaler Dimension) wie Reflektierender des Himmels (in vertikaler Ausrichtung) sein soll (wie es Cicero formuliert). Dies ist auch ein Effekt des aufrechten Gangs; der Mensch ist *homo erectus*.[65] »Denn die Menschen, die der Erde entstammen (*sunt enim ex terra homines*), sind nicht nur als deren Bewohner und Bebauer (*incolae atque habitatores*) anzusehen, sondern gleichsam als Betrachter der überirdischen und himmlischen Erscheinungen … (*spectatores superarum rerum atque caelestium*)«. Die Menschen haben deswegen nicht einfach Herrscher, sondern Pfleger der Erde zu sein (*cultores terrae constituti*, De nat. deor. II, 99), den Erdkreis also zu entwildern und strahlend zu machen. Die nutzenteleologische Einrichtung der Welt schließt ein, dass der Mensch mit seinen Händen (*nostris manibus*), mithilfe von Arbeit und Technik, »eine zweite Natur hervorbringt« (*quasi alteram naturam efficere*, De nat. deor. II, 152): als schönes Werk.

In dieser Komplementarität von Natur und Kultur findet der Mensch seine Stellung im Kosmos. Vielleicht setzt Bruegel hier stoische

Positionen oder, wie es Beat Wyss formuliert, einen »humanistischen Pessimismus« ins Bild.[66] Der Hirt ist auf die Mittelachse und im Kreuzungspunkt der Diagonalen platziert: Vielleicht ist er, der womöglich nur das Wetter beobachtet, gegenüber dem Bauern sogar die positionell stärker betonte Figur. Hirten kleben nicht an der Scholle. Aus der Betrachterperspektive scheint der Angler absturzgefährdet über die Klippe gebeugt, um seine Angel, nicht aber Ikarus anzuschauen; er ist gegenüber Bauer und Hirt stark verkleinert und zur Seite gerückt. Doch auch die agrikulturelle Arbeit des Landmanns ist zwiespältig: auch wenn sie der Reproduktion dient, so verletzt sie die Mutter Erde und gehört dem schrecklichen Eisernen Zeitalter an.[67]

Das Meer bis zum Horizont erstreckt, wirkt unbedrohlich. Die Sonnenscheibe ist im Dunst der Ferne aufgelöst. Weiße, übermäßig steil aufragende Gebirgszüge rechts und links des Meeresufers. Ein Hafenbecken mit Stadt und Festung, evtl. eine Anspielung auf das von Daedalus erbaute Labyrinth für König Minos auf Kreta. Vorn eine ehemals befestigte, nun ruinöse Insel. Typisch für Bruegel finden sich versteckte Anspielungen auf Sprichwörter, die im Einzelnen zu identifizieren schwierig ist.[68] So sagt man von dem im Vordergrund, auf der

Rasenbank, liegenden Geldbeutel, der vom Schwert durchstoßen ist: »Geld und Schwert brauchen gute Hände« – was man von Ikarus nicht sagen kann, der damit kritisiert wird. Während der Getreidesack sagen soll: »Auf Felsen Gesätes wächst nicht.« Im dunklen Gebüsch ist der Kopf einer Leiche kaum zu erkennen: »Kein Pflug hält wegen eines Sterbenden an.«[69]

All dies mag die normativ festgefügte Ordnung der Agrikultur andeuten, die sich vom Ehrgeiz des Ikarus so fern hält wie von den ungewissen Geschäften des Angelns und der Seefahrt, aber auch Distanz zu den Städten hält. Das Gemälde ist ambivalenter als die Pleinair-Zeichnung von der Italien-Reise. Gegenüber dem Einklang von Natur und Kultur erkennen wir hier diverse Gefährdungen des Menschen, der ebenso eingebettet in Natur agieren wie Grenzen überschreiten und scheitern kann; wo ein Mord geschehen ist; wo vor einer nur auf Geld und Schwert setzenden Arbeit gewarnt werden muss; wo Mitleid fehlt und die Natur nicht mehr Rahmen und tragender Grund der Kultur ist, sondern auch Gefahr und Untergang. Man kann nicht sagen, dass Natur und Kultur hier in einen Gegensatz getreten wären, aber es werden Spannungen, Überschreitungen und Konflikte der Kultur sichtbar, die als

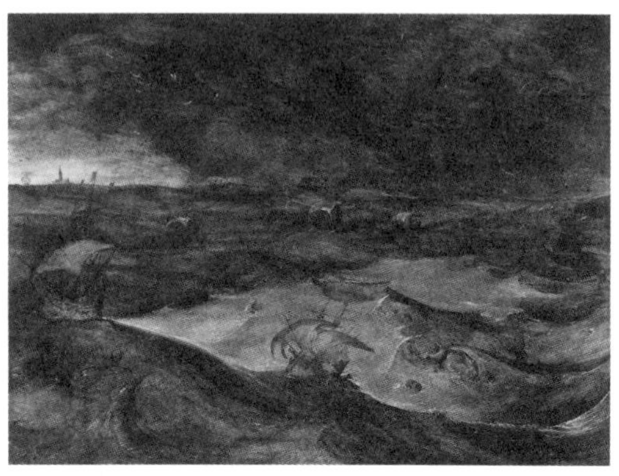

Selbstgefährdungen des Menschen zu verstehen sind. Dazu gehört schließlich auch das Meer.

Joos de Momper d. J. hat in dem unvollendeten, ehemals Bruegel zugeschriebenen Gemälde »Seesturm« eine eindringliche Studie über die tödlichen Gefahren des Meeres hinterlassen, auch wenn die Darstellung von Wellen, Wolken und Wind noch nicht auf dem Stand der späteren Marinemalerei sind. Dominant die dunkel drohenden, aufgeregten Wasser- und Wolkenmassen, die am Horizont fast ununterscheidbar werden. Das wütende Ineinander beider Elemente ist als Rückgängigmachung ihrer Trennung, mithin als Chaos zu verstehen. Weiße Sturmvögel vor der Wolkenwand zeigen an, wer einzig hier im Einklang mit den Elementen ist; die Menschen mit ihren Schiffen sind es nicht. Im Vordergrund eine keilförmige, scheinbar beruhigte Fläche. Zur Stillung des Meeres, aber auch des monströsen Wales – man erkennt seine aus dem Wasser ragende Schwanzflosse –, haben die Seeleute Öl (sog. Wellenöl) aufs Wasser gegossen; man sieht noch ein Fass im Wasser treiben.[70] Immerhin, die beruhigte, auch farblich aufgehellte Wasserfläche korrespondiert linksseitig der Horizontlinie, wo ein aufragender Kirchturm rettendes Land verspricht. Ob eines der vielen Schiffe das Land erreichen wird, ist ungewiss, zumal ihr Kurs, so zeigen es die Segel an, eher vom Land fort- als hinführt. So mögen die Schiffe die Schutzbedürftigkeit und Schwäche der kulturellen Unternehmungen andeuten, wenn die Natur – als Seesturm, Erdbeben, Überschwemmung, Vulkanausbruch – die Fragilität der zivilisatorischen Einrichtungen und Praktiken erweist.

Der Übergang zu maritimen Herrschaftsformen, wie ihn Holland vollziehen wird, ist mit Risiken bei gleichzeitig hohen Gewinnchancen verbunden. Risiko und Sicherheit, und das heißt, das Verhältnis zur Göttin Fortuna, müssen neu tariert werden. So fand die risikoaffine Pathosformel »Navigare necesse est, vivere non est necesse« (Schiffahrt ist notwendig, Leben aber nicht) in der Frühen Neuzeit weite Verbreitung. Sie geht auf Plutarch zurück:[71] Gnaeus Pompeius Magnus, in Sorge um die Getreideversorgung Roms, nahm mit diesen Worten den Schiffern ihre Angst vor einem Sturm und ging selbst als Erster an Bord. Darin drückt sich ein heroisches Bewusstsein aus, das jene Angst überwindet, die das eigene Leben höher schätzt als den zivilisatorischen Imperativ. Hier setzt sich die kulturelle Norm in der Tat über den naturhaften Egozentrismus hinweg. Doch Schifffahrt und Schiffbruch bleiben aufs engste verbunden. Keine der Kulturtechniken ist so unmittelbar dem Tode konfrontiert wie die Fahrt über das Meer. Und darum bleibt das Schiff, das den Menschen zum Herren der Meere befördert, mit dem Untergang verbunden.[72]

Die Ungewissheit des Meeres wird oft mit Fortuna verbunden. Schauen wir ins »Emblematum libellus« (1531) des Andreas Alciatus: Auf dem Kubus sitzt – unter dem Titel ARS NATURAM ADIUVAT – Hermes, der die Künste repräsentiert, während Fortuna mit einem Fuß im Wasser, mit dem anderen auf der Kugel steht. Der Wind umbraust sie, Tuch und Haare bauschend. Sie ist den instabilen Elementen Wasser und Luft zugeordnet; im Hintergrund erleidet ein besegeltes Schiff gerade Schiffbruch.[73]

Aby Warburg erinnert daran, dass Fortuna im Italienischen »nicht nur ›Zufall‹ und ›Ver-

Emblemas de Alciato.

ARS NATVRAM ADIVVAT.

Emblema 95.

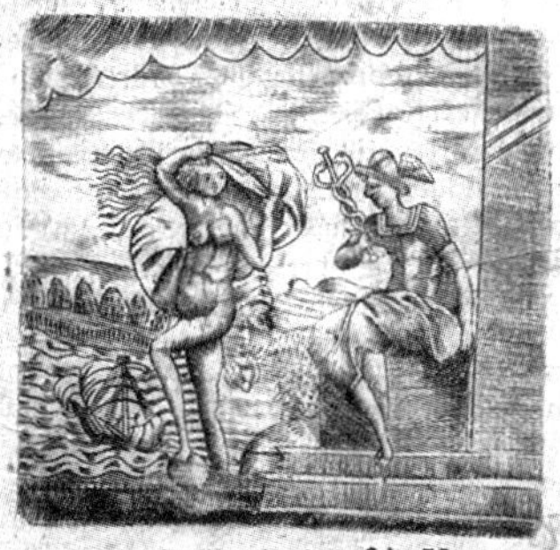

Vt sphæræ fortuna, cubo sic insidet Hermes:
Artibus hic varijs, casibus illa præest.
Aduersum vim Fortunæ est ars facta: sed artis
Cum Fortuna mala est, sæpe requirit opem.
Disce bonas artes igitur studiosa iuuentus,
Quæ certæ secum commoda sortis habent.

Que deuemos depreder buenos oficios.

DAnos Alciato a entender que deprendamos oficios, y buenas artes, significadas por Mercurio autor

mögen‹, sondern auch ›Sturmwind‹« bedeutet, »ein unheimlicher Winddämon«, wie Francesco Sassetti formuliert.[74] Das Meer ist das Risiko-Element überhaupt, aber auch das Medium der Raumexpansion, des Handels und der Nachrichten. Darum ist Fortuna mit der Nautik so verbunden, mal als Mast die Segel, mal das Steuerruder haltend, mal den Schiffbruch auslösend, mal das Füllhorn mit sich führend. Die Göttin der Natur, ihr Rad drehend, ist grausam und spendend zugleich. Gerade ihr dämonischer Charakter wird in der Renaissance betont und passt gut zu der ozeanischen Dimension, in die Europa im Geburtsjahr von Alciatus 1492 eingetreten war. Risikofreude ist die neue Tugend auch im Verhältnis zur Natur. Verlust und Gewinn auf dem Meer werden zu Gegenständen kalkulierender Abwägung der Versicherungen sowie der Risikodiversifikation (man denke an Antonio im *Merchant of Venice* von Shakespeare). Die Flüchtigkeit der Fortuna, das liquide Element des Meeres und die Mobilität des Kapitals entsprechen sich. Dem Risiko von Schiffsuntergängen wird gekontert mit exponentieller Rendite bei glücklicher Heimkehr. Die alte Naturmacht Fortuna, die bei Boethius von der göttlichen Providentia besiegt wird, erscheint jetzt als *Occasio* (oder als Καιρός), die beim Schopfe gepackt werden muss; sie ist die Göttin des modern auf dem Weltplan agierenden Entrepreneurs. Das Vertrauen auf das Stabile der *sedes quadrata*, die von den Künsten des Hermes kompakt gemacht wird, ist nicht nur ein Palliativ gegen den Zufall, ein Faktor also der *securitas*. *Sedes quadrata* ist im Baconschen Zeitalter auch die Formel des Konservativen, ja Pfahlbürgerlichen. Wenn

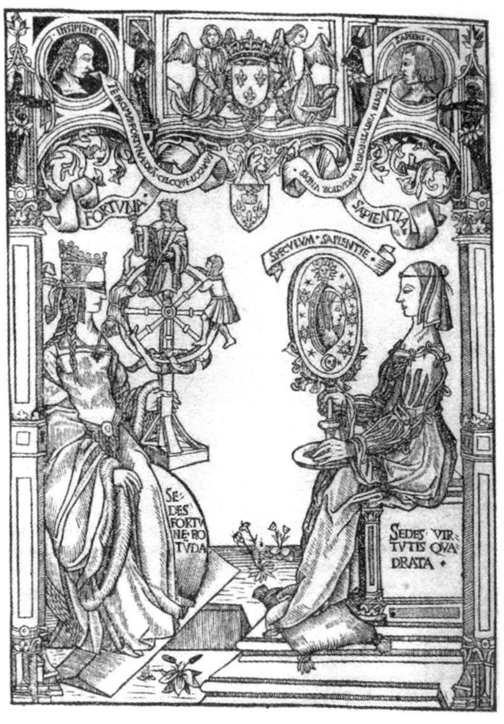

Hermes eine Unterstützung der Natur sein soll, dann heißt dies auch, dass Künste und Wissen die Säulen des Herkules hinter sich lassen, also selbst risikoreich werden.[75]

Diese Säulen waren seit Pindar[76] Symbole einer verbotenen Welt. Mit der Errichtung der *Herakleioi stelai* (αἱ Ἡράκλειοι στῆλαι) hatte Herkules, indem er den Atlantik mental verschloss, den antiken Kulturkreis bestimmt.

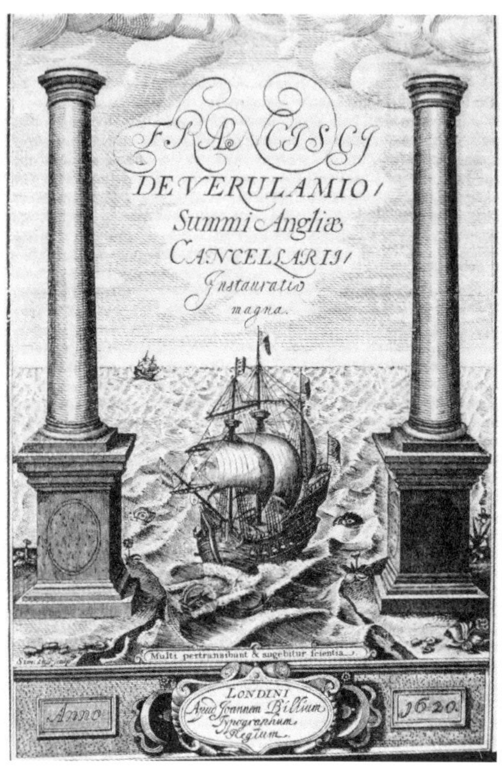

Lange hatten die *Herakleioi stelai* als Schranke einer »glücklosen Wanderschaft« (*infelix transmigratio*; Huldebert von Lavardin) gegolten. Dann aber hatte Dante im »Inferno«[77] einen Odysseus erfunden, der das Herkuleische Säulenpaar überschritten hatte und nach fünfmonatiger Schiffsfahrt an einem mysteriösen Berg scheitert. Es braucht über Dante hinaus noch mehr als 170 Jahre, bis man die Meere jenseits der Herkuleischen Säulen zu navigieren gelernt hatte. Dann aber wurde das unruhige, Angst *und* Neugier erweckende Meer zum Raum menschlicher Fertigkeiten, die halfen, die unberechenbare Fortuna durch kalkuliertes Risikohandeln zu besiegen und die Welt, gerade indem sie als zufällig angesehen wurde, in die Verfügung des Menschen zu bringen: das war ein Motor des Fortschritts. Hier finden wir erstmals Spuren jener Dichotomie von Natur und Kultur, die Descola für eine okzidentale Standardinterpretation hält, doch die hier im vollen Bewusstsein ihres Risikopotenzials inszeniert wird.

Die Formel »Viele werden hindurchgehen und das Wissen vermehren« (*Multi pertransibunt & augebitur scientia*) aus *Daniel 12,4* ist die *subscriptio* auf dem Frontispiz des »Novum organum scientiarum« (1620) von Francis Bacon. Eine Kogge kehrt von ozeanischer Fahrt zurück und läuft durch die Säulen des Herkules ein wie in einen Hafen. Dies war der Beginn einer neuen Ära: *transgressio* mit Aussicht auf Rückkehr und Wohlstands- wie Wissenssteigerung. Das *Plus Ultra* wird zum Emblem der Geopolitik von Kaiser Karl V., z. B. im Relief am königlichen Alcázar de Sevilla, und wird schließlich zum Motto auf dem Wappen Spaniens, bis heute. Den Wahlspruch *Plus Ultra* nutzte aber auch Vincenzo Coronelli für das Emblem der von ihm gegründeten *Accademia cosmografica degli argonauti.*[78] *Plus Ultra* ist die moderne Losung der Fortuna, die Dynamik der Raumexpansion, des Wissens, der Macht, und des Kapitals. Mit dem *Plus Ultra* beginnt die Moderne in der ozeanischen Dimension, beruhend auf dem Seehandel betreibenden Entrepreneur, dem Abenteurer und Risikospieler. Dies ist der Sozialtyp, dem Natur zur bloßen Tatsache, zur willkommenen Ressource oder zum feindlichen Hindernis wird. Wie das Meer territorialisiert, d. h. zum Dominium des Menschen wird, so die Natur insgesamt zur Sphäre menschlicher Herrschaft.

Carl Schmitt stellte sein Buch »Land und Meer« nachträglich unter ein Motto, das von Hegel stammt: »Wie für das Prinzip des Familienlebens die Erde, fester *Grund* und *Boden*, Bedingung ist, so ist für die Industrie das nach außen sie belebende Element das Meer.«[79] Zwischen diesem modernen Gedanken und dem Rat Platons, auf die Vorteile der Lage von Städten am Meer wegen der damit verbundenen ethischen Gefährdungen zu verzichten (Nomoi 823de), liegt die unumkehrbare Entwicklung einer Geschichte, die schon zu Platons Zeiten in den maritimen Horizont eingetreten war.

Doch auch Lukrez argumentiert noch kulturkritisch gegen die Seefahrt.[80] In Bruegels oder Mompers Zeiten, in Holland zumal, ist das Meer tatsächlich zum »belebenden Element« der nationalen und internationalen Entwicklung geworden, des Überseehandels ebenso wie des See-Kriegs. Damit aber ist tendenziell absehbar, dass die meerübergreifende, den Globus umspannende Kultur nicht mehr eingebettet ist in eine Natur, die Schöpfung ist. Natur ist vielmehr die Bühne für den Auftritt des europäischen Unternehmers, sei er Händler, Militär, Kolonist, Techniker. Erstmals erreicht die Extension der Kultur den Maßstab der Erde, nicht durchgreifend und beherrschend, aber doch als globales Netzwerk, wobei der Luftraum bei Bruegel freilich noch verschlossen bleibt – bis um 1800 mit den Montgolfièren die Luftfahrt einsetzt und, parallel dazu, mit der Industrialisierung die anthropogene, destabilisierende und maligne Veränderung des Klimas beginnt – eine neue Epoche beginnt.

Man kann dies ablesen an dem Frontispiz von John Seldens (1584–1654) Werk »Mare Clausum. The Right and Dominion of the Sea« von 1635. Es ist die imperiale Antwort auf den Begründer des internationalen Seerechts, des Freihandels und des freien Meeres, Hugo Grotius und auf sein sofort indiziertes Buch »Mare

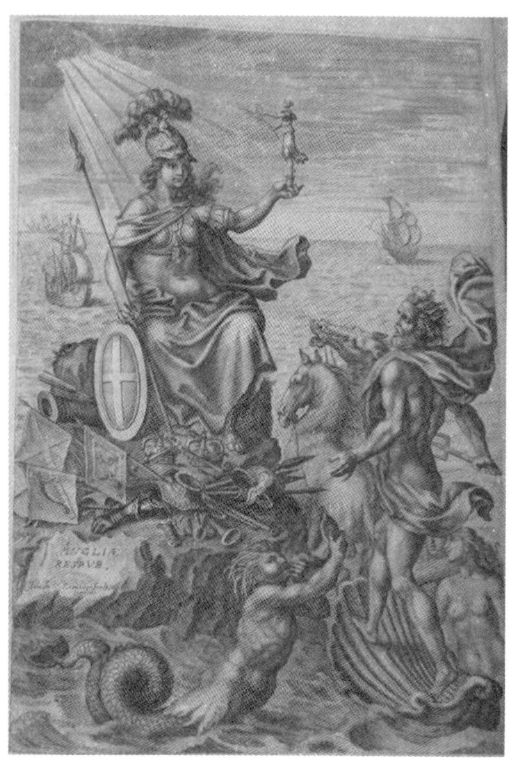

Liberum« (1609).[81] Die von segnenden Himmelsstrahlen hinterfangene *Res publica Angliae* posiert triumphierend auf einem altarartigen Fels im Meer, die Doppelkrone, Waffen und Standarten ihr zu Füßen, eine Sphinx auf dem Helm, die Sieg und Frieden bringende Nike in der Linken. Der Anglia huldigen Neptun und seine Attributfiguren. Ein Triton bläst auf einem

Muschelhorn den Triumph der englischen Staatsmacht über den Weltkreis. Schiffe im Hintergrund markieren Englands Herrschaft, die ganz so, wie die Römer das Meer *mare nostrum* nannten, nun die ozeanische Dimension zum *mare clausum* erklärt. Im Widmungs-Gedicht spricht Neptun dem Staat Britannia das Dominium über alle Meere zu.

Diese gleichsam cartesianische Deklaration der Natur zur *res extensa* und zum Dominium des Menschen steht auch in der jüngeren Geschichte Europas niemals alleinherrschend da.[82] Im Gegenteil sind diese Jahrhunderte auch solche einer sich immer mehr differenzierenden Entdeckung der Natur, ein Prozess, in dem sich Kunst, Technik und Wissenschaften niemals im Gleichschritt bewegten. Und dieser Prozess ist nicht einer der Verarmung, sondern eines wachsenden Reichtums von Erinnerungen, Praktiken, Techniken und Epistemen der Natur. Wir nehmen als ein kleines Beispiel die Geschichte der Wolken, die geradezu wie eine Widerlegung Descolas gelesen werden kann.

V. Die Wolken, das Atmosphärische und die Landschaft

Die Wolken, wie überhaupt das Atmosphärische, sind seit der Frühen Neuzeit nicht mehr dem Regiment von Göttern unterstellt, sondern sie sind natürliche Phänomene der Luft in Interaktion mit Wasser, Erde und Feuer. Um 1800 werden die Wolkenbildungen, ihre Formen und Aktivitäten (Regen, Hagel, Schnee, Gewitter, Regenbogen) im Modell eines gewaltigen Kreislaufs gedacht, der die Wärme und Kälte des Klimas, des lokalen Wetters wie auch den Wassertransport durch die Luft reguliert.[83] Noch heute richtet sich die Wolkenforschung auf diese Fragen: Was ist ihr Beitrag zum globalen Wasserkreislauf? In welcher Weise sind die Wolken, die durchschnittlich 60 % der Erdoberfläche bedecken, als ein gewaltiges Thermostat der Erde zu verstehen, das entscheidend dafür sorgt, dass der Globus sich weder überhitzt noch abkühlt? Welchen Beitrag liefern die Wolken also für das Erdklima oder zu dessen

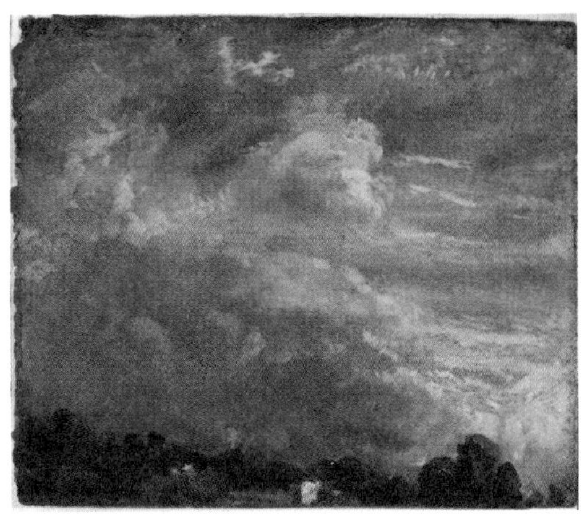

Zonen? Immer mehr verstehen wir, dass das Flüchtigste aller Elementarphänomene den größten Beitrag zur Stabilität des Klimas und damit des Lebens liefert. Zwar beginnt die Wolken-Wissenschaft erst Ende des 18. Jahrhunderts, doch hat sie in der Aristotelischen Meteorologie ihre bedeutenden Vorläufer.[84]

Und ferner: Lukrez hat in »De rerum natura«[85] auf atomistischer Linie eine Wolken- und Wetterlehre formuliert, die eine epochale Funktion hat: Die Aerologie des Lukrez – besonders die Behandlung von Wetter, Hagel, Orkanen etc. – ist ›Aufklärung‹ im modernen Sinn. Sie befreit die Menschen aus Schrecken und Furcht, die sie angesichts der gewaltigen Naturerscheinungen besonders deswegen empfinden, weil sie darin die ›Sprache der Götter‹ vernehmen. Im Wetter aber verbirgt sich kein Gott, so Lukrez. Es enthält nichts als Natur-Erscheinungen des Zufalls und der Gesetze zugleich. Ohne Sinn. Atomwirbel. Auswirkungen von Naturkräften. Entladungen. Wärme-Kälte-Kollisionen. Kreisläufe. Und darum entwickelt Lukrez eine Beschreibungssprache, durch welche die Phänomenalität der Wettererscheinungen zur Grundlage einer säkularen Auffassung der Natur wird. Sie befreit von der Angst, die jahrtausendelang auf den Menschen lag. Schwerlich wird man diese Befreiung der Natur von magisch-semantischen Aufladungen als Sündenfall der Trennung von Kultur und Natur bezeichnen wollen. Es muss nicht, aber es kann für beide Seiten eine positive Trennung sein: für eine genauere Beobachtung und Erklärung der Naturphänomene *und* für die Ausdifferenzierung einer Kultur, die sich nicht ständiger Interpenetrationen mit religiösen Gehalten und naturalen Mächten erwehren muss.

Das Christentum hat diese Entwicklung nahezu 1500 Jahre verzögert. In christlicher Deutung waren destruktive Wettererscheinungen zumeist Strafgerichte (Modell dafür war die Sintflut). Bildkünstlerisch konnten Wolken und Wetter ihre eigene Ästhetik erst entfalten, als sich auf den Gemälden räumliche Tiefenstaffelungen öffneten, Landschaften Platz fanden und der Himmel in seinen atmosphärischen Valenzen entdeckt wurde. Noch ging es nicht um eine künstlerische Wetter- und Wolkenkunde wie bei Pierre-Henri de Valenciennes, Alexander Cozens, John Constable oder – ausgelöst durch die Wolkenwissenschaft Luke Howards – bei Johann Georg von Dillis, Goethe, Johan Christian Claussen Dahl, Carl Blechen oder William Turner. Sie alle betreiben »cloud studies«.[86] Diese Künstler gewinnen dabei ephemeren Phänomenen neue ästhetische Valenzen ab, entdecken die Wolken auch als Bildner des Landschaftlichen, ihren Zusammenhang mit Wetter, Temperatur und Wind, und bereiten *à la longue* eine freie und informelle Malweise vor, die bis zur Abstraktion reicht.

Um 1800 werden die Wolken dabei selbst zu autonomen Himmelslandschaften. Verbunden ist dies mit einer Befreiung der Malhand, die nun auch in Öl, in Aquarell oder kräftigem Zeichenstrich mit dynamischen Zügen, der Flüchtigkeit des Phänomens entsprechend, Farben, Konturen und Massigkeit der Wolkenkörper aufträgt; Skizzen in freier Natur, die später im Atelier ausgeführt werden. Gewiss werden die Wolken zunächst nur im Zusammenspiel mit anderen Naturfigurationen zu

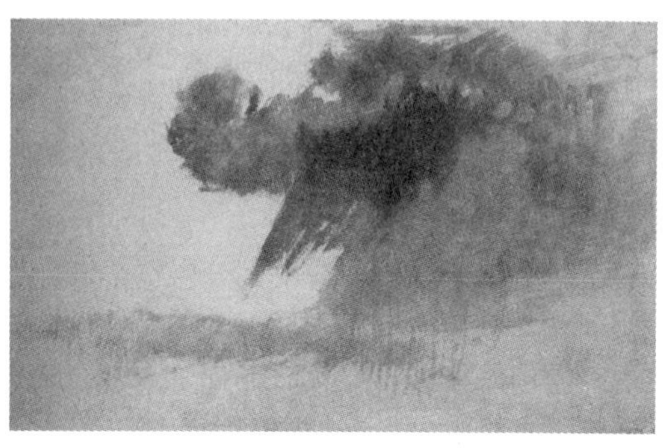

Bildnern des Landschaftlichen. Doch damit wird auch eine Natur und Kultur integrierende Naturästhetik entwickelt, genau zu jenem Zeitpunkt, in dem Descola, im Zeichen von Wissenschaft und Industrialisierung, die Trennung beider Sphären als exotische Besonderheit des Abendlandes zementiert sieht.

Im 18. Jahrhundert hängen die Entdeckung der geognostischen Tiefenzeit und die Entdeckung der flüchtigen Wolken unmittelbar zusammen. Da, wo Landschaftsmalerei, wie es Carl Gustav Carus wollte, zur »Erdlebens-Kunst« wird, lagern sich die Felsformationen ins Bild als Monumente einer Zeitentiefe, die formgebend an ihnen gearbeitet hat. Charakteristisch ist, dass Carus – nach der Abhandlung über die Physiognomie des Erdkörpers, worin dem Steinernen die leitende Funktion zukommt, und dem Kapitel über die Spielarten des Wassers – im neunten der »Briefe über das Erdleben« das Luftmeer behandelt, um im zehnten dann, auf der Grundlage von Howards Wolken- und Goethes Witterungslehre, eine Studie über das »Wolkenleben« folgen zu lassen.[87] Als landschaftliche Konstituente bildet das Wolkenleben den Kontrapunkt zum Steinern-Gebirgigen. Wetterlehre und Geologie bilden den Hintergrund einer neuen Naturästhetik, bis sich bei William Turner die Kompaktheit der Dinge und ihrer Räume auflöst und in ein Fluten der Energien und Wahrnehmungen verwandelt wird.

Wenn aber die tote Natur in den Vordergrund der Bilder tritt, geschieht eine Inversion der Landschaft: sie wird zum Medium einer Erfahrung, wonach das Leben ein Grenzphänomen der toten Natur ist, insbesondere, wenn die steinerne Natur als Wirkung menschlicher Eingriffe hervortritt (wie z. B. im Erz-Tagebau in Erzberg, Österreich) oder als unbewohnbare abstrakte Landschaft eines fernen Sterns sichtbar wird (wie auf den Fotos des Mars auf den verschiedenen Mars-Missionen von 1976 bis heute). Dann tritt das Steinerne und das Wasser in seinen mortifizierenden Bedeutungen ins Bild, als rohe Felsformation, als Wüste, als Eismeer, als erhabenes Hochgebirge, als sinnloses Spiel der Elemente. Und wenn die Wolken

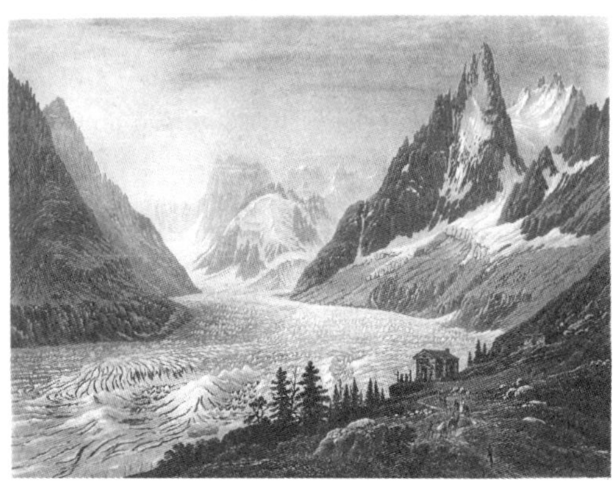

nicht mehr Form des glücklichen Augenblicks sind (wie noch in den Gedichten des jungen Brecht), sondern Zeichen sinnloser Zufälligkeit und drohender Gewalt –: da wird die Landschaft zum Reflexionsmedium, in dem das Tödliche und das Entropische, das Urgeschichtliche und das Postapokalyptische bedacht wird. Sie klammern die Einrichtungen des Menschen und die vulnerablen Formen des Organischen ein. Von diesen Rändern aus dringt das Destruktive in die ästhetischen Formen ein. Damit löst sich, nicht nur als Reflex der industriellen und urbanen Moderne, die Ästhetik der schönen Landschaft auf und gibt Raum den zeitgenössischen Erfahrungen der Dissoziation und des Widerstreits, die das Schöne, wie schon Schiller feststellt, sterben lassen. Denn schon

Schiller hatte, darin der Entfremdungsthese Rousseaus zustimmend, konstatiert, dass »die Natur anfing, aus dem menschlichen Leben als *Erfahrung* und als das (handelnde und empfindende) *Subjekt* zu verschwinden«.[88] Natur ist schon bei Schiller ein bloß erinnertes, »verlorenes Glück«, das nicht wiederherzustellen ist, sondern über das man sich philosophisch oder ästhetisch allenfalls trösten kann.[89]

VI. No Exit?

1956 tuscht Josef Beuys ein Aquarell »Rote Wolke«, das 1981 als Offsetdruck unter dem Titel »Was birgt die Wolke?« publiziert wird. Der Titel wird als winziger Schriftzug rechts neben die Wolke in der Höhe der einzigen Ausspitzung des Formgebildes gesetzt. Nach 150 Jahren Wolken-Forschung, in der die Wolken klassifiziert, chemisch-physikalisch analysiert, in ihren meteorologischen Funktionen erkannt, in ihren Reaktionen und Metamorphosen durchschaut wurden – nach all dieser Verwissenschaftlichung wird bei Beuys die Wolke erneut zum Rätsel: »Was birgt die Wolke?«[90]

Vielleicht vor einer weit hingestreckten Landschaft scheint ein roter Cumulus aufzuquellen. Rätselhaft bleiben die Rotfragmente in der unteren und oberen linken Bildecke. Ebenso undeutbar bleiben der rechts wie ein Ballon schwebende Rot-Fleck, der oberhalb der Schrift wie ein weit entfernter Cirrus sichtbare Strich oder der sich rechts herauslösende, dunkelrote

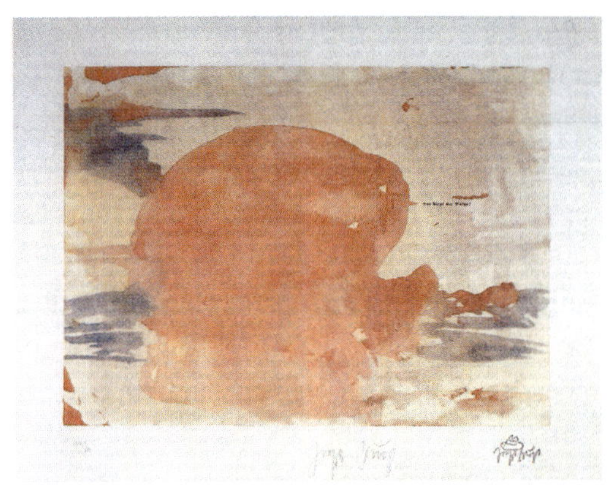

Teil. Ist es überhaupt eine Landschaft, die den Hintergrund abgibt? Und wenn ja, warum wiederholt sich ihr Blaugrau links oben am Himmel? Und warum ist die Wolke rot?

Das Rot »birgt« nichts Gutes – so steht zu vermuten: Man erinnert die Legenden über Blutregen, die als apokalyptisches Zeichen gelesen wurde. Man denkt an orangene oder rötliche Wolken am Abend- oder Morgenhimmel und ahnt, dass die Beuys'sche Wolke damit nichts zu tun hat. Man erinnert sich, dass die Jahre um 1956 von Wasserstoffbomben-Versuchen bestimmt waren. Hier breiteten sich Ängste vor dem Atomkrieg ebenso aus wie um 1981, als das Blatt in den Offset ging: dies war die Zeit der Aufrüstung mit atomaren Mittelstreckenraketen in Mitteleuropa, in der die

Friedensbewegung mit apokalyptischen Denkmotiven durchsetzt war. Hat Beuys darauf reagiert?

Sicher ist, dass Wolken heute keineswegs mehr Spielformen des natürlichen Wind-Wasser-Kreislaufes sein müssen. Sie können aus anthropogenen Katastrophen, Chemieunfällen, Atombombenversuchen, Kriegsangriffen stammen, oder wie 1986 nach dem Atomkraftswerks-Unfall in Tschernobyl als unsichtbare Wolke von Strahlungspartikeln bei klarem Himmel über Mittel- und Osteuropa ziehen. Wir wissen längst nicht mehr, was Wolken »bergen« – es kann ersehnter Regen fürs Land sein ebenso wie eine Unwetterkatastrophe, die sogar hierzulande zu Überflutungen ganzer Landstriche führt und von der uns die Klimaforscher sagen, dass sie auf den anthropogenen Klimawandel zurückgehen. Die Wolke kann sauren Regen ›bergen‹, der die Wälder sterben lässt, oder das Giftgas im 1. Weltkrieg, im irak-iranischen Krieg, in Seveso. Die Wolke ›birgt‹ und transportiert die Abgase, die Rußpartikel, den Industriestaub über hunderte von Kilometern, oder auch die Verbrennungsgase der Jets.

Was birgt die Wolke? Diese Frage wurde bereits im mythischen Zeitalter gestellt. Und die Wolken so ansehend, befragte man das Schicksal und die Götter. Die Wolken bedeuteten –

und wenn sie etwas ›bargen‹, so war es Sinn. Seit es Wissenschaft gibt, hieß die Frage danach, was Wolken ›bergen‹, dass man meteorologische und physikalische Antworten suchte, die unser Wissen mehrten und damit unseren Stand in der Welt aufklärten. Diese Aufklärung hat eine weitere Dimension: denn Wolken ›bargen‹ Ästhetik – Formspiele, Farbkompositionen, Stimmungen, Lichtbrechungen. Wolken ›bargen‹ ästhetische Anmutungen – und das hieß auch, dass sich Gefühle und Bewertungen aller Art mit ihnen verbanden und eine Seh-Lust durch sie evoziert wurde, die der Ästhetik neue Nuancen hinzufügte. Das 20. Jahrhundert – die Epoche des Flugzeugs und der Satelliten, die uns die Wolken und ihre globale Verteilung auf den tiefblauen Ozeanen und den braunen Kontinenten völlig neu wahrnehmen ließ – war schließlich auch das Zeitalter der computergestützten Meteorologie, die uns mit Erkenntnissen der vielfältigen Funktionen der Wolken überraschte, so dass neben die ästhetische Schätzung eine Achtung vor der »Technik der Natur« (Kant) trat, wie etwa die systemische Kybernetik des Weltwetterkreislaufes. Das heißt auch: es kann gerade mit der Wissenschaft eine ästhetische Achtung entstehen vor der Systemkomplexität der ins Wettergeschehen aktiv integrierten Wolken.

Und nun scheint es, dass das bescheidene Aquarell von Beuys der Frage, was Wolken ›bergen‹, eine neue Wendung gibt: Wolken bergen, verbergen, verbreiten die Gefahr und die Angst, die der Mensch vor sich selbst haben muss. Radikaler als jemals zuvor wird bei Beuys die ästhetische Vergegenwärtigung der Wolke zur Selbstbegegnung. Was heißt dies für das Verhältnis von Kultur und Natur? Es heißt ganz gewiss nicht, dass hier ihre Trennung abzulesen wäre, sondern im Gegenteil: in dem Maße, wie in den Phänomenen der Natur die menschlichen Kulturen die Effekte ihrer selbst zu entziffern lernen, und im Maße, wie auch umgekehrt in den kulturellen Artefakten und Dynamiken solche der Natur erkannt werden – löst sich der Gegensatz von Kultur und Natur auf. Wir erkennen an der Natur ›da draußen‹ die Anteile, die wir uns zurechnen müssen, und erfahren an uns externe und intrinsische Effekte, die uns nicht als Subjekten angehören, sondern deren transitorischer Schauplatz wir sind.

Abbildungsverzeichnis

S. 59: ARS NATURAM ADIUVAT. Emblem Nr. 97 in: Andreas Alciatus: *Emblematum liber.* Najera 1615 (zuerst 1531)

S. 61: Fortuna und Sapientia. Titelholzschnitt zu Carolus Bovillus: *Liber de Sapiente.* Paris 1510

S. 62: Titelkupfer zu Francis Bacon: *Novum organum scientiarum Instauratio Magna.* London 1620 (hier Ausgabe 1645)

S. 66: Titelkupfer zu John Selden: *Mare Clausum. Of the Dominion, or, Ownership of the Sea.* London 1652 (zuerst 1635)

S. 69: John Constable, Wolkenstudie mit Bäumen am Horizont, Öl auf Papier, 25,8 × 30,5 cm, 1821, Royal Academy of Arts, London. (In: Howoldt, Jens E., Schneede, Uwe M. (Hg.): Expedition Kunst. Die Entdeckung der Natur von C. D. Friedrich bis Humboldt. Hamburg/München 2002, S. 142)

S. 72: William Turner, Sturmwolken, um 1820–1830, Aquarell, 30,5 × 50,5 cm, Tate Gallery, London. (In: Spielmann, Heinz, Westheider, Ortrud (Hg.): Wolkenbilder, Die Entdeckung des Himmels. Ausstellung Bucerius Kunst Forum 2004, Staatliche Museen zu Berlin, Nationalgalerie 2004/5, Aargauer Kunsthaus 2005; Hamburg 2004, S. 161)

S. 74: Samuel Birmann, La Mer de Glace vue du Montanvert, 1823/24, Aquatinta (aus: Souvenirs de la Vallée de Chamonix, Basel 1826)

S. 77: Joseph Beuys, *Was birgt die Wolke?* Signierter Offset-Druck, 49 × 54 cm, 1981, nach einem Aquarell *Rote Wolke* von 1956 © VG Bild-Kunst, Bonn 2016

Anmerkungen

1 Diderot, Denis: Salon von 1767. In: ders.: Ästhetische Schriften. 2 Bde. hg. v. Friedrich Bassenge. Berlin/Weimar: Aufbau 1967, hier: Bd. 2, S. 85 f.

2 Marquard, Odo: Über die Unvermeidlichkeit der Geisteswissenschaft. In: Ders.: Apologie des Zufälligen. Philosophische Studien. Stuttgart: Reclam 1986, S. 98–116. – Ders.: Homo compensator. In: Frey, Gerhard/Zelger, Josef (Hg.) Der Mensch und die Wissenschaften vom Menschen, Bd. 1 Innsbruck: Solaris 1983, S. 55–66.

3 Herder, Johann Gottfried: Ideen zur Geschichte der Philosophie der Menschheit. In: Werke in 10 Bdn., hg. v. M. Bollacher. Frankfurt am Main: Deutscher Klassiker Verlag 1989, hier: Bd. VI, S. 184, 194.

4 Dieser Begriff wurde von Helmuth Plessner eingeführt in: Die Stufen des Organischen und der Mensch. 3. Aufl. Berlin, New York: de Gruyter 1975 (zuerst 1928), S. 288–346.

5 Ausführlich dargelegt in: Böhme, Hartmut: Nach der Natur. Ist die Naturästhetik am Ende? In: Fehrenbach, Frank; Krüger, Matthias (Hg.): Der Achte Tag. Naturbilder in der Kunst des 21. Jahrhunderts. Berlin: De Gruyter 2016, S. 13–38.

6 Flasch, Kurt: Ars imitatur naturam. Platonischer Naturbegriff und mittelalterliche Philosophie der Kunst. In: Ders. (Hg.): Parousia. Studien zur Philosophie Platons und zur Problemgeschichte des Platonismus. Frankfurt am Main: Minerva 1965, S. 265–307.

7 Vgl. zu dieser Debatte kritisch: Manemann, Jürgen: Kritik des Anthropozäns. Plädoyer für eine neue Humanökologie. Bielefeld: Transcript 2014. – Bunge, Sophie: Der Mensch erscheint im Anthropozän. Problemgeschichte einer Mega-Erzählung. Master-Thesis HU-Berlin 2014.

8 So schon Cicero: De nat. deor. II, 152.

9 Marx, Karl: Die Frühschriften. Hg. v. Siegfried Landshut. Stuttgart: Kröner 1968, S. 237.

10 Ebd.

11 Ebd., S. 245.

12 Diels, Hermann/Kranz, Walther: Die Fragmente der Vorsokratiker. Griechisch und Deutsch von Hermann Diels. Hg. von Walther Kranz; 3 Bde. 6. Aufl. Hildesheim: Weidmann 1951/2, DK 22 B 123.

13 Sagan, Carl: Pale Blue Dot: A Vision of the Human Future in Space. New York: Ballantine 1994, S. XVf.

14 Als Notiz 1934 auf dem Umschlag zu der Abhandlung von Edmund Husserl: Grundlegende Untersuchungen zum phänomenologischen Ursprung der Räumlichkeit der Natur. In: Farber, Marvin (Hg.): Philosophical Essays in Memory of Edmund Husserl. Cambridge, MA, Harvard University Press 1940, 307–25. (Husserl-Archiv Leuven, Primordiale Konstitution, Signatur D 17)

15 Vgl. Berkeley, George: Philosophical Works including the Works in Vision. London & Rutland: J. M. Dent 1992, darin bes. 3–60, 61–127, 229–250. – Ders.: Versuch über eine neue Theorie des Sehens, und: Die Theorie des Sehens oder der visuellen Sprache … verteidigt und erklärt. Hamburg: Meiner 1987. – Lukrez: De rerum natura. Welt aus Atomen. Hg. v. K. Büchner. Stuttgart: Reclam 1981. – Ders.: Über die Natur der Dinge. Übers. u. komm. v. Klaus Binder. Berlin: Galiani 2014. – Baudrillard, Jean: L'échange symbolique et la mort, dt. Der symbolische Tausch und der Tod. Paris: Gallimard 1976, dt. München: Matthes & Seitz 1982. – Böhme, Hartmut: Welt aus Atomen und Körper im Fluß. Gefühl und Leiblichkeit bei Lukrez. In: Großheim, Michael / Waschkies, Hans-Joachim (Hg.): Rehabilitierung des Subjektiven. Bonn: Bouvier 1993, S. 413–439.

16 Vgl. Schweizer, Hans Rudolf/Wildermuth, Armin: Die Entdeckung der Phänomene. Dokumente einer Philosophie der sinnlichen Erkenntnis. Basel/Stuttgart: Schwabe 1981, S. 9. – In einem dazu konträren Sinn spricht Mittelstraß von der »Rettung der Phänomene« (Mittelstraß, Jürgen: Die Rettung der Phänomene. Berlin/New York: de Gruyter 1962).

17 Cicero: De oratore III, 53, 202 (kursiv von H. B.). – *Enárges* meint sichtbar, leibhaftig. *Perspicio* heißt: hindurchschauen, genau betrachten, in Augenschein nehmen, deutlich wahrnehmen. Man erkennt daran, dass schon der antike Sinn von Evidenz schwankt zwischen einem von sich aus

deutlichen Hervortreten einer Sache und dem aktiven Vor-Augen-Stellen von Dingen oder Handlungen so, als trügen sie sich wirklich zu. Nicolas Malebranche sagt entsprechend für die Wahrheitsfunktion der Evidenz, diese sei eine »vue claire et distincte de toutes les parties et de tous rapports de l'objet, qui sont nécessaires pour porter un jugement aussuré« (De la recherche de la verité, Livre I, Chap. II, § III, in: Malebranche: De la Recherche de la vérité. Paris: David 1762, S. 22. Vgl. auch Robinet, André: Système et existence dans l'œuvre de Malebranche. Paris: Vrin 1965, S. 374). – Ganz im Sinne Ciceros formuliert Alexander Baumgarten (Ästhetik, Lat.-dt., hg. v. Dagmar Mirbach. Hamburg: Meiner 2007, Bd. 2, Abschnitt L, Die ästhetische Ausgemachtheit, § 851, § 852 (über ἐνάργεια) S. 872 f., 875 (Anschaulichkeit, Deutlichkeit, Vergegenwärtigung)). Stets geht es um die Augenscheinlichkeit einer Sache und deren leibhaftes Hervorteten zur Sichtbarkeit.

18 Quintilian: Inst. orat. VI 2,29–32.

19 Gödde, Susanne: schêmata – Körperbilder in der griechischen Tragödie. In: von den Hoff, Ralf/ Schmidt, Stefan (Hg.): Konstruktionen von Wirklichkeit. Bilder im Griechenland des 5. und 4. Jahrhunderts v. Chr. Stuttgart: Steiner 2001, S. 241–259, hier: 246.

20 von den Hoff, Ralf/Schmidt, Stefan (Hg.): Konstruktionen von Wirklichkeit. Bilder im Griechenland des 5. und 4. Jahrhunderts v. Chr. Stuttgart: Steiner 2001. Dies referiert unvermeidlich auf: Berger, Peter L./Luckmann, Thomas: Die ge-

sellschaftliche Konstruktion der Wirklichkeit. Eine Theorie der Wissenssoziologie. Frankfurt am Main: Fischer 1970.

21 Valeska von Rosen hat darüber eine ausgezeichnete Studie geschrieben: Die Enargeia des Gemäldes. Zu einem vergessenen Inhalt des »Ut-pictura-poesis« und seiner Relevanz für das cinquecenteske Bildkonzept. In: Marburger Jahrbuch für Kunstwissenschaft, 27. Bd. (2000), S. 171–208. – Vgl. ferner: Picht, Georg: Der Begriff des Energeia bei Aristoteles. In: ders.: Hier und Jetzt. Philosophieren nach Auschwitz und Hiroshima, Stuttgart: Klett-Cotta 1980, Bd. 1, S. 289–308. – Schlüter, Dietrich: Akt/Potenz. In: Historisches Wörterbuch der Philosophie, hg. v. Joachim Ritter u. a., Bd. 1, Basel 1971, 134–142. – Wimböck, Gabriele/Leonhard, Karin/Friedrich, Markus (Hg.): Evidentia. Reichweiten visueller Wahrnehmung in der Frühen Neuzeit. Münster, Hamburg und London: LIT 2007.

22 Vaihinger, Hans: Die Philosophie des Als Ob. System der theoretischen, praktischen und religiösen Fiktionen der Menschheit auf Grund eines idealistischen Positivismus. Mit einem Anhang über Kant und Nietzsche, Berlin: Meiner 1911.

23 Kant: Kritik der Urteilskraft, im Fortgang zitiert als: KdU B 171.

24 KdU B 169.

25 KdU B 169, 172.

26 Vgl. Böhme, Hartmut: Fetischismus und Kultur. Eine andere Theorie der Moderne. Reinbek bei Hamburg: Rowohlt 2006. Bruno Latours *Actor-*

Network-Theory stellt den rationalen Kern der Rehabilitation der Dinge als Co-Akteure von menschlichen Aktivitäten dar.

27 Aristoteles: De anima 418a26–419b4.

28 Vgl. Blumenberg, Hans: Paradigmen zu einer Metaphorologie. In: Archiv für Begriffsgeschichte Jg. 6, 1960, S. 7–142. Vgl. Böhme, Hartmut: Das Licht als Medium der Kunst. Über Erfahrungsarmut und ästhetisches Gegenlicht in der technischen Zivilisation. In: Schwarz, Michael (Hg.): Licht, Farbe, Raum. Künstlerisch-wissenschaftliches Symposium. Braunschweig: HBK 1997, S. 111–137.

29 Aristoteles, De anima, 6a30; 19a20; 21b9; 22b22; 23a15, 23b26; 34b28; 35a16; Physik VIII, 8,2. – Vgl. dazu Böhme, Gernot: Das Ding und seine Ekstasen. In: ders.: Atmosphäre. Essays zur neuen Ästhetik. Frankfurt am Main: Suhrkamp 1995, S. 155–176. – Diese Auffassung geht auf Martin Heidegger zurück (Die Frage nach dem Ding. Zu Kants Lehre von den transzendentalen Grundsätzen. Tübingen: Neske 1962, – Ders.: Das Ding und das Werk. In: Gesamtausgabe, I. Abt. Bd. 5, Frankfurt am Main: Klostermann 1977. – Ders.: Der Ursprung des Kunstwerks. Stuttgart: Reclam 1982).

30 Clam, Jean: Sciences du sens: Perspectives théoriques. Strasbourg: Presses univ. de Strasbourg 2006.

31 Mersch, Dieter: Was sich zeigt. Materialität, Präsenz, Ereignis. München: Fink 2002. – Mersch, Dieter/Bohrer, Karlheinz (Hg.): Ereignis und Aura: Untersuchungen zu einer Ästhetik des Performativen. Frankfurt am Main: Suhrkamp 2002. – Am

Anfang dieses Diskurses steht vielleicht das umstrittene Buch Steiner, George: Von realer Gegenwart. Hat unser Sprechen Inhalt? München: Hanser 1990.

32 Schmidt, Siegfried J.: Die Zähmung des Blicks. Konstruktivismus – Empirie – Wissenschaft. Frankfurt am Main: Suhrkamp 1997.

33 Böhme, Gernot: Für eine ökologische Naturästhetik. Frankfurt am Main: Suhrkamp 1989. – Seel, Martin: Eine Ästhetik der Natur. Frankfurt am Main: Suhrkamp 1991. – Böhme, Hartmut: Natürlich/Natur. In: Barck, Karlheinz u. a. (Hg.): Ästhetische Grundbegriffe. Bd. 4, Stuttgart: Metzler 2002, S. 432–499.

34 Ich beziehe mich auf: Descola, Philippe: Jenseits von Natur und Kultur. Frankfurt am Main: Suhrkamp 2011. – Ders.: Die Ökologie der Anderen. Berlin: Matthes & Seitz Berlin 2014. – Ders.: Wahlverwandtschaften. Antrittsvorlesung am Lehrstuhl für die »Anthropologie der Natur«. In: Mittelweg 36, Jg. 22, Oktober/November 2013, S. 4–26 (vgl. auch das ausführliche Interview mit Descola und den Beitrag von Tanja Bogusz im selben Heft der Zeitschrift).

35 Latour, Bruno: Wir sind nie modern gewesen. Versuch einer symmetrischen Anthropologie. Berlin: Akademie 1994.

36 Tomasello, Michael: Eine Naturgeschichte des menschlichen Denkens. Berlin: Suhrkamp 2014.

37 Said, Edward: Orientalism. New York: Random House 1978 (dt. v. L. Weissberg, Frankfurt am Main u. a.: Ullstein 1981).

38 Hampe, Michael: Tunguska oder Das Ende der Natur. München: Hanser 2011. – Vgl. ders.: Die Natur gibt es nicht. In: NZZ vom 28.08.2011.

39 Zum öko-apokalyptischen Nexus siehe Horn, Eva: Katastrophe als Zukunft. Frankfurt am Main: S. Fischer 2014.

40 Von seinen vielen außerordentlichen Büchern sind hier besonders zwei zu nennen: Menninghaus, Winfried: Das Versprechen der Schönheit. Frankfurt am Main: Suhrkamp 2003. – Ders.: Wozu Kunst? Ästhetik nach Darwin. Berlin: Suhrkamp 2011.

41 Jauß, Hans Robert (Hg.): Die nicht mehr schönen Künste. Grenzphänomene des Ästhetischen. München: Fink 1968.

42 Darwin, Charles: On the Origin of Species by Means of Natural Selections. London: John Murray 1859, S. 489–90.

43 Ebd. – Dem Wortfeld »entangled« und »bank« sowie seinen naturästhetischen Valenzen kann man nachgehen auf darwin-online.org.uk

44 Vgl. z. B. Kohn, David: The Aesthetic Construction of Darwin's Theory. In: Tauber, Alfred I. (Hg.): The Elusive Synthesis: Aesthetics and Science. Dordrecht/Boston/London: Kluwer 1996. – Ähnlich schon: Hyman, Stanley Edgar: The Tangled Bank. Darwin, Marx and Freud as Imaginative Writers. New York: Atheneum 1974. – Carl Zimmer nimmt die »tangled bank« sogar zum Ausgang seiner Einführung in die Evolution (The tangled bank. An introduction to evolution. Greenwood Village: Roberts & Co. 2010). Hingegen ermuntert

der Architekt und Urbanist Terry Farrell dazu, die Architektur der Städte an Verfahren und Ästhetiken der ebenso evolutionären wie chaotischen Natur auszurichten (The City As A Tangled Bank. Urban Design versus Urban Evolution New York, NY, John Wiley & Sons 2014).

45 Vgl. Riehl, Sabine: Darwins View of Life. Imagination und Theorie. Berlin 2009 (Magister-Arbeit, HU Berlin, Kulturwissenschaft).

46 Ette, Ottmar: ÜberLebenswissen. Die Aufgaben der Philologie. Berlin: Kadmos 2004.

47 Toepfer, Georg: Historisches Wörterbuch der Biologie. Geschichte und Theorie der biologischen Grundbegriffe. 3 Bde. Stuttgart: Metzler 2011.

48 Meyer-Abich, Klaus Michael: Praktische Naturphilosophie. Erinnerung an einen vergessenen Traum. München: C. H. Beck 1997. – Sieferle, Rolf Peter: Die Krise der menschlichen Natur. Zur Geschichte eines Konzepts. Frankfurt am Main: Suhrkamp 1989. – Ders./Breuninger, Helga (Hg.): Natur-Bilder. Wahrnehmungen von Natur und Umwelt in der Geschichte. Frankfurt am Main: Campus 1999. – Ders. (Hg.): Fortschritte der Naturzerstörung. Frankfurt am Main: Suhrkamp 1989. – Ders.: Rückblick auf die Natur. Eine Geschiche des Menschen und seiner Umwelt. München: Luchterhand 1997. – Radkau, Joachim: Natur und Macht. Eine Weltgeschichte der Umwelt. München: C. H. Beck 2000. – Ders.: Die Ära der Ökologie. Eine Weltgeschichte. München: C. H. Beck 2011.

49 Vgl. Gersdorf, Catrin/Mayer, Sylvia (Hg.): Nature

in Literary and Cultural Studies. Transatlantic Conversations on Ecocriticism. Amsterdam/New York: Rodopi 2006. – Dürbeck, Gabriele/Stobbe, Urte (Hg.): Ecocriticism. Eine Einführung. Köln/Weimar/Wien: Böhlau 2015. – Bühler, Benjamin: Ecocriticism. Grundlagen – Theorien – Interpretationen. Stuttgart: Metzler 2016.

50 Merchant, Carolyn: The Death of Nature. Women, Ecology, and the Scientific Revolution. San Francisco u. a.: Harper & Row 1980 (dt. 1987). – Schiebinger, Londa: Nature's body. Gender in the making of modern science. Boston: Beacon Press 1993 (dt. 1995). – Dies.: Gendered innovations. Creating science and technology. London [u. a.]: Routledge 2014. – Dies. (Hg.): Women and Gender in Science and Technology. London [u. a.]: Routledge 2014. – Keller, Evelyn Fox (Hg.): Feminism and science. Oxford: Univ. Press 2010. – Dies.: The mirage of a space between nature and nurture. Durham, NC: Duke Univ. Press 2010. – Dies.: Liebe, Macht und Erkenntnis. Männliche oder weibliche Wissenschaft? Frankfurt am Main: S. Fischer 1998. – Orland, Barbara/Scheich, Elvira (Hg.): Das Geschlecht der Natur. Feministische Beiträge zur Geschichte und Theorie der Naturwissenschaften. Frankfurt am Main: Suhrkamp 1995.

51 Haraway, Donna: Monströse Versprechen. Coyote-Geschichten zu Feminismus und Technowissenschaft. Berlin: Argument 1995 – Dies.: Die Neuerfindung der Natur. Primaten, Cyborgs und Frauen. Frankfurt am Main/New York: Campus 1995. – Dies.: The companion species manifesto.

Dogs, people, and significant otherness. 5. Aufl. Chicago, Ill.: Prickly Paradigm Press 2009. – Deuber-Mankowsky, Astrid/Holzhey, Christoph F. E. (Hg.): Situiertes Wissen und regionale Epistemologie. Zur Aktualität Georges Canguilhems und Donna J. Haraways. Wien/Berlin: Turia + Kant 2013. – Harrasser, Karin: Donna Haraway: Natur-Kulturen und die Faktizität der Figuration. In: Moebius, Stephan/Quadflieg, Dirk (Hg.): Kultur. Theorien der Gegenwart. Wiesbaden: VS 2006, S. 580–594. – Harrasser, Karin: Körper 2.0. Über die technische Erweiterbarkeit des Menschen. Bielefeld: Transcript 2013.

52 So wichtig diese Ansätze für die Wissenschaftsforschung, aber auch für die Geschichte der Naturbilder sind, so spielen sie doch im Fortgang dieser kleinen Studie keine gewichtige Rolle. Ausführlicher verfolge ich diese Fragen schon des Längeren, z. B. die Genderisierung der Montanwissenschaft, des Bergbaus und der Imagologie des Erdinneren: Böhme, Hartmut: »Geheime Macht im Schoß der Erde«. Das Symbolfeld des Bergbaus zwischen Sozialgeschichte und Psychohistorie. In: Ders.: Natur und Subjekt. Frankfurt am Main: Suhrkamp 1988, S. 67–144.

53 KdU B 77.

54 KdU B 321.

55 KdU B 320.

56 Der vielleicht der Meister von Flémalle ist. Vgl. Kemperdick, Stephan/Sander, Jochen (Hg.): Der Meister von Flémalle und Rogier van der Weyden. Ausstellungskatalog Städel Museum Frankfurt,

Gemäldegalerie Berlin. Ostfildern: Hatje Cantz 2008.

57 Alberti, Leon Battista: De pictura, Lib. I, 12, 19, II, 31–32, in: ders.: Das Standbild – Die Malkunst – Grundlagen der Malerei. Hg. v. Oskar Bätschmann u. Christoph Schäublin. Darmstadt: Wiss. Buchgesellschaft 2000, S. 213–216, 225–228, 247–251. – Vgl. Blum, Gerd: Fenestra prospectiva: Architektonisch inszenierte Ausblicke: Alberti, Palladio, Agucchi. Berlin/Boston: de Gruyter 2015. – Grave, Johannes: Reframing the »finestra aperta«. Venetian Variations on the Comparison of Picture and Window. In: Zeitschrift für Kunstgeschichte Bd. 72, H. 1 (2009), S. 49–68. – Einen Überblick über die Fenster-Motivik und -symbolik bietet: Gottlieb, Carla: The Window in Art. From the Window of God to the Vanity of Man. New York: Abaris 1981.

58 Zur Entwicklung der Landschaftsmalerei ist immer noch grundlegend und durch den Quellenanhang überaus nützlich: Bätschmann, Oskar: Entfernung von der Natur. Landschaftsmalerei 1750–1920. Köln: Dumont 1989. – Für die lange Geschichte nicht nur der europäischen Landschaft vgl. Jellicoe, Geoffrey/Jellicoe, Susan: Die Geschichte der Landschaft. Frankfurt am Main: Campus 1986. – Franzen, Brigitte/Krebs, Stefanie (Hg.): Landschaftstheorie. Texte der Cultural Landscape Studies. Köln: König 2005. – Schneider, Norbert: Geschichte der Landschaftsmalerei. Vom Spätmittelalter bis zur Romantik. Darmstadt: Wiss. Buchgesellschaft 1999. – Busch, Werner (Hg.): Landschaftsmalerei. Berlin: Reimer 2003.

59 Fischer, Sören: Das Landschaftsbild als gerahmter Ausblick in den venezianischen Villen des 16. Jahrhunderts. Sustris, Padovano, Veronese, Palladio und die illusionistische Landschaftsmalerei. Petersberg: M. Imhof 2014.

60 Vgl. Steinberg, Leo: The Sexuality of Christ in Renaissance Art and in Modern Oblivion. 2. Aufl. Chicago: University of Chicago Press 1996.

61 Bettex, Albert: Die Entdeckung der Natur. München/Zürich: Droemer 1965.

62 Plinius: Naturalis historia 7, 1; zum Motiv der gegen den Menschen grausamen Natur vgl. Philon: De posteritate Caini 162; Plutarch: Fragmenta (ed. Bernardakis), Bd. VII, 129; Cicero: De re publica 3, 1; Laktanz: De opificio Dei 3, 2.

63 Ovid: Metamorphosen VIII, 217–19.

64 Böhme, Hartmut: Hesiod und die Kultur. Frühe griechische Konzepte von Natur, mythischer Ordnung und ästhetischer Wahrnehmung. In: Musner, Lutz/Wunberg, Gotthart (Hg.): Kulturwissenschaften. Forschung – Praxis – Positionen. Freiburg i. Br.: Rombach 2003, S. 137–160.

65 Cicero: De nat. deor. II, 133, 140; vgl. wörtlich so auch Laktanz: De ira Dei 14,1-3. Vgl. Bayertz, Kurt: Der aufrechte Gang. Eine Geschichte des anthropologischen Denkens, München: C. H. Beck 2012.

66 Wyss, Beat: Pieter Bruegel: Landschaft mit Ikarussturz. Ein Vexierbild des humanistischen Pessimismus. Frankfurt am Main: S. Fischer 1990. – Zur Auffassung der niederländischen Landschaft vgl. Michalsky, Tanja: Projektion und Imagina-

tion: Die niederländische Landschaft der Frühen Neuzeit im Diskurs von Geographie und Malerei. München: Fink 2011.

67 Wyss, wie Anm. 67, 38–46.

68 Vgl. Pieter Bruegel d. Ä.: Die Niederländischen Sprichwörter, 1559, Öl auf Holz, 117 × 163 cm, Gemäldegalerie Berlin (hier werden ca. 100 Sprichwörter ins Bild gesetzt).

69 Ferrier, Jean-Louis: Die Abenteuer des Sehens. Eine Kunstgeschichte in 30 Bildern. München 1998, S. 90–98.

70 Vgl. Hagen, Rose-Marie und Rainer: Pieter Bruegel d. Ä. – Bauern, Narren und Dämonen. Köln: Benedikt Taschen 1999, S. 87 f.

71 Plutarch: Vitae parallelae, Pompeius 50,1.

72 Vgl. Böhme, Hartmut: Traditionen und Formen der aquatischen Ästhetik in der Kunst Iwan Aiwasowskis. In: Brugger, Ingried/Kreil, Lisa (Hg.): Aiwasowski. Maler des Meeres. Ausstellungskatalog Austria Kunstforum Wien, Ostfildern: Hatje Cantz 2011, S. 15–35.

73 In der *subscriptio* heißt es: »Ut sphaerae fortuna, cubo sic insidet Hermes: / Artibus hic variis, casibus illa praeest. / Adversum [= Adversus] vim Fortunae est ars facta: sed artis / Cum Fortuna mala est, saepe requirit opem. / Disce bonas artes igitur studiosa iuventus, / Quae certae secum commoda sortis habent«.

74 Warburg, Aby: Francesco Sassettis letztwillige Verfügung. In: ders.: Ausgewählte Schriften und Würdigungen, hg. v. Dieter Wuttke. Baden-Baden: Koerner 1992, S. 148 (zuerst 1907).

75 Zum Titelholzschnitt zu Carolus Bovillus (= Charles de Bovelles: Liber de Sapiente. Paris 1509). Vgl. Böhme, Hartmut: Contingentia. Transformationen des Zufalls. In: ders./Röcke, Werner/Stephan, Ulrike C. A. (Hg.): Contingentia. Transformationen des Zufalls. Berlin/Boston: de Gruyter 2015, S. 1–36, hier: 8 ff.

76 Pindar: 3. Nemeische Ode, Str. 3: »Auch hat ja der Held und Gott / den Schiffen zum Grenzziel gesetzt / die erhabenen Zeichen. / Schrecklich Gezücht der See / traf er mit Tod, / Und die Gewässer durchforscht er selbst, wo's am seichtesten fließt. / Zum Letzten kam er; es drängt ihn zur Heimkehr. Der Erdkreis ward / von ihm durchmessen. / … Nach draußen sich wenden, dient / dem Menschen nur wenig. Daheim suche / und du findest köstliche Schätze für lieblichen Sang.« (Pindar: Die Dichtungen und Fragmente, hg. v. Ludwig Wolde. Leipzig: Dieterich 1942, S. 131 f.)

77 Dante: Die göttliche Komödie: Inferno, Canto XXVI, 88–142.

78 Das Emblem findet sich als fig. 111 in: Stevenson, Edward Luther: Terrestrial and celestial Globes, Their history and construction including a consideration of their value as aids in the study of geography and astronomy. New Haven: Yale University Press 1921, Vol. II, S. 100 (repr. 1990). (http://www.gutenberg.org/files/39867/39867-h/39867-h.htm?links=false#f111)

79 Schmitt, Carl: Land und Meer. Eine weltgeschichtliche Betrachtung. Köln: Maschke 1981, S. 108 (zuerst 1942).

80 Lukrez: De rer. nat. V, 999–1006, 1430–35, 1226–40.

81 Selden, John: Mare Clausum. Of the Dominion, or, Ownership of the Sea. London: William Du-Gard 1652 (zuerst 1635). – Grotius, Hugo: Mare liberum sive de iure quod Batavis competit ad Indicana Commercia: dissertatio. Lugduni Batavorum (= Leiden): Elzevirius 1608.

82 Descartes redet von den Menschen als »maîtres et possesseurs de la nature« (René Descartes: Œuvres, Bd. VI: Discours de la méthode et essais, hg. von Charles Adam und Paul Tannery. Paris: Vrin 1902, S. 62; deutsch: Von der Methode des richtigen Vernunftgebrauchs. In: ders.: Philosophische Schriften, Hamburg: Meiner 1996, S. 101). Aber schon früher wurde die Herrschaft des Menschen über die Natur (*dominium terrae*) als Gottesauftrag angesehen, auf der Grundlage von Gen 1, 27–28.

83 Die Wolken haben in den letzten beiden Jahrzehnten in der kultur- und kunstgeschichtlichen Forschung wie in Ausstellungen eine beeindruckende Konjunktur erlebt, was gewiss mit der Klima-Diskussion zusammenhängt, aber auch mit der Entdeckung der Ästhetik des Ephemeren und Atmosphärischen. – Storch, Christina: Wetter, Wolken und Affekte. Die Atmosphäre in der Malerei der Frühen Neuzeit. Berlin: Gebr. Mann 2015. – Natter, Tobias G./Smola, Franz (Hg.): Wolken. Welt des Flüchtigen. Ostfildern: Hatje Cantz 2013. – Stückelberger, Johannes: Wolkenbilder. Deutungen des Himmels in der Moderne. München: Fink 2007. – Guldin, Rainer: Die Sprache des Himmels.

Eine Geschichte der Wolken. Berlin: Kadmos 2007. – Engell, Lorenz/Vogl, Joseph/Siegert, Bernhard (Hg.): Wolken. Archiv für Mediengeschichte. Weimar: Bauhaus Universität 2005. – Hamblyn, Richard: Die Erfindung der Wolken. Wie ein unbekannter Meteorologe die Sprache des Himmels erforschte. Frankfurt am Main: Insel 2001. – Busch, Werner: Die Ordnung im Flüchtigen – Wolkenstudien der Goethezeit. In: Goethe und die Kunst. Ausstellungskatalog Schirn Kunsthalle Frankfurt, hg. v. Sabine Schulz. Stuttgart: Hatje 1994, S. 519–527. – Badt, Kurt: Wolkenbilder und Wolkengedichte der Romantik. Berlin: de Gruyter 1960. – Kunz, Stephan u. a. (Hg.): Wolkenbilder. Die Erfindung des Himmels. Ausstellungskatalog Aargauer Kunsthaus. München: Hirmer 2005. – Weschenfelder, Klaus / Roeber, Urs (Hg.): Wasser, Wolken, Licht und Steine. Die Entdeckung der Landschaft in der europäischen Malerei um 1800. Ausstellungskatalog des Mittelrhein Museums Koblenz. Heidelberg: Braus 2002.

84 Aristoteles: Meteorologie. Über die Welt. Übers. v. Hans Strohm. In: Werke in deutscher Übersetzung. Bd. 12, Teil 1/2, 3. Aufl. Darmstadt: Wiss. Buchgesellschaft 1984.

85 Lukrez: De rer. nat., Buch VI, 1–534.

86 Vgl. Mitchell, Timothy F.: Art and Science in German Landscape Painting 1770–1840. Oxford: Clarendon Press 1993.

87 Carus, Carl Gustav: Briefe über das Erdleben, hg. v. Ekkehard Meffert. Stuttgart: Freies Geistesleben 1986 (zuerst 1841). – Carus, Carl Gustav:

Zehn Briefe über Landschaftsmalerei mit zwölf Beilagen und einem Brief von Goethe als Einleitung. 1815–1835. Leipzig/Weimar: Kiepenheuer 1982. – Einen wichtigen Überblick über die Carus-Forschung bietet das Werk: Kuhlmann-Hodick, Petra/Spitzer, Gerd/Maaz, Bernhard (Hg.): Carl Gustav Carus – Wahrnehmung und Konstruktion. München: Deutscher Kunstverlag 2009. – Müller-Tamm, Jutta: »Kunst als Gipfel der Wissenschaft«. Ästhetische und wissenschaftliche Weltaneignung bei Carl Gustav Carus. Berlin: de Gruyter 1995.

88 Schiller, Friedrich: Über naive und sentimentalische Dichtung. In: ders.: Sämtliche Werke. Hg. v. Fricke, Gerhard/Göpfert, Herbert G. 5 Bde. München: Hanser 1959, hier: Bd. 5, S. 711.

89 Ebd., S. 708.

90 Zum Verhältnis der modernen Kunst zur Natur, bes. bei Beuys vgl. Dickel, Hans: Kunst als zweite Natur. Studien zum Naturverständnis in der modernen Kunst. Berlin: Reimer 2006, S. 168–198.

Gedruckt mit großzügiger Unterstützung
der Alexander von Humboldt-Stiftung.

Zweite Auflage Berlin 2020

MSB Matthes & Seitz Berlin Verlagsgesellschaft mbH
Göhrener Str. 7 | 10437 Berlin
info@matthes-seitz-berlin.de

Satz: psb, Berlin
Druck und Bindung: Art Druk, Szczecin
Umschlaggestaltung nach einer Idee
von Pierre Faucheux
ISBN 978-3-95757-345-2

www.matthes-seitz-berlin.de